PREFACE

顺高铁入滇势　谋云岭大作为

　　盼望着，盼望着，呼啸而来的高铁，带着云南人民的期盼，就这样入滇了。

　　对云岭大地而言，高铁交通有着至关重要的意义，除旅游产业可以直接步入快车道外，"高铁时代"来临，意味着云南将从改革开放的末梢，变为真正的前沿。

　　推动"高铁入滇"和打造"高铁经济"，是省委、省政府多年的努力，是千千万万个云南人的关注，也是各族各界精英人士的企盼。

　　"建议借高铁机遇，加快云南旅游发展""建议未雨绸缪，做好相关区域城市建设发展规划"……一直以来，关注云南发展的各界人士和融入云南发展的时代滇商们，对高铁入滇及其相关准备工作，都倾注了自己的热情。特别是最近几年，针对云南如何才能尽快进入高铁时代等多项重大议题，全省各族各界人士纷纷提出相关意见建议，实实在在彰显了时代滇商的执着与担当。

　　"巨龙"入滇问三迤，高铁来临何所备。而今，面对呼啸而来的高铁，我们应当思考，高铁入滇会给云南带来什么样的机遇？我们应该如何把握好这些机遇？高铁入滇，会在哪些产业上带来前所未有的变化，我们要怎样面对和适应这些变化？

　　这些问题，人民群众在关注，省委、省政府在思考，三迤大地的各族各界都在思考。

　　就在高铁入滇前几天，省政协主席罗正富在丘北县调研旅游业发展情况时强调的一段话，为这个问题给出了最铿锵的回答。他说："要加快做好迎接高铁时代来临的准备，立足全域旅游的大格局，转变观念、认清差距、不等不靠，以只争朝夕的精神推动旅游业转型升级。"

　　是的，在高铁的呼啸声中，云南要紧紧围绕高铁时代的旅游发展、产业转型升级、相关配套产业的顺势而谋等重要问题，围绕迎接高铁来临的各个关键环节，每个人都来做一个"铁道巡路工"，紧紧围绕着高铁入滇我们准备工作是否做好这件大事，开动脑筋，全面了解情况，深入查找问题，讲真话、说实情、想不足，为高铁时代三迤大地的准备工作把脉探因，为各地各级谋策献计、加油助力。

　　"积力之所举，则无不胜也；众智之所为，则无不成也。"哪里的车站配套工程还没有到位？哪里的餐饮旅游接待能力还不够？哪里的产业配套还没有进入高铁思维？在云岭大地正式进入高铁时代的开头，我们和着入滇的高铁呼啸声，采访了关于高铁、关于旅游、关于产业的方方面面，我们看到，我们的采访对象，也一直不遗余力地做着最为充分的准备。

　　"江南千重水，云贵万重山。五百年后看，云贵赛江南。"顺高铁入滇势，谋云岭大作为。在高铁时代，有省委、省政府及全省各族各界的共同努力，相信元末明初刘伯温的诗句会在云岭大地变为现实。

高铁入滇 问产业

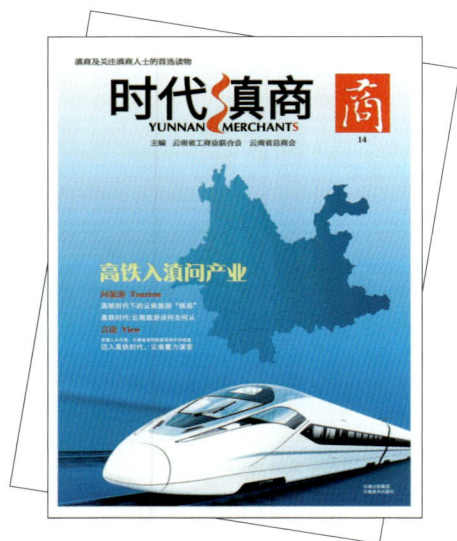

图书在版编目(CIP)数据

时代滇商：高铁入滇问产业 / 云南省工商业联合会，云南省总商会主编. -- 昆明：云南美术出版社，2017.5
ISBN 978-7-5489-2772-3

Ⅰ.①时… Ⅱ.①云… ②云… Ⅲ.①高速铁路 - 铁路工程 - 概况 - 云南 Ⅳ.①U238

中国版本图书馆CIP数据核字(2017)第118985号

云南出版集团
云南美术出版社出版发行
(昆明市环城西路609号云南新闻出版大楼　邮政编码：650034)
昆明美林彩印包装有限公司　全国新华书店经销
开本：889mm x1194mm　1/16
印张：5
字数：180千字
2017年6月第1版　2017年6月第1次印刷
定价：30.00元
声明：部分图片及文字来自网络，请作者联系本刊以奉稿酬

支持单位

编辑部　Editorial Division

主　　编：吕金平

执行主编：丁观有

统　　筹：王文凡　雷青杨

运营总监：吕金平

策　　划：周嘉莉

采访撰稿：云南政协报记者

责任编辑：赵　婧　于重榕

整体设计：毛远明

责任校对：温德辉

运营机构：云南省政协报社

法律顾问：云南天外天律师事务所

出版单位：云南出版集团　云南美术出版社

发行单位：云南美术出版社

目录 CONTENTS

特别策划

高铁入滇问产业

P54

全国人大代表、云南省昆明铁路局局长刘柏盛

迈入高铁时代，云南蓄力谋变

P59

省政协常委、省餐饮与美食行业协会执行会长杨艾军

高铁开进来　滇菜走出去

P70

省政协委员、云南国际博览事务局展览业务处副处长王亚妮

让会展与旅游相伴而行

高铁时代下的云南旅游"棋局"

◆ 撰文　张居正

对云南来说，旅游是几大支柱产业之一。

对云南来说，旅游有着特殊的地位和独特的资源优势。

对云南来说，旅游是最能拿得出手的品牌。

高铁时代，云南该如何下好旅游产业这盘棋……

先看高原高铁"路线图"

在 2016 年底举行的云南省面向南亚东南亚辐射中心综合交通运输发展规划发布会上，云南省发改委副主任、省民航局局长、省铁建办主任张长生介绍，云南将围绕全部州市通铁路、滇中城市群通高铁、经济人口大州市（300 万人以上的州市）及旅游重点区或通达高标准铁路"三大目标"，"十三五"计划完成投资 3375 亿元，力争建成 14 个续建项目、完成 5 个提速扩能项目，新增高铁运营里程 1188 千米、普铁运营里程 1403 千米，力争建成城际高

铁 3 项、新增高铁运营里程 510 千米，云南将实现"铁路全覆盖，人人有车乘，滇中一小时、千里一日返"的目标。

同时，2030 年，云南将形成"八出省、五出境"主骨架网，形成"三横四纵"的铁路网布局，实现省际畅通、周边国家畅通、州市畅通、沿边畅通，构筑云南建设面向南亚东南亚辐射中心铁路网，把昆明建设成为辐射中心的铁路枢纽。全省铁路营运里程 8000 千米以上，路网总规模约 1 万千米，路网质量得到较大提升，复线率 40% 以上，电气化率 90% 以上。

张长生指出，互联互通省内相关项目和高速铁路是"十三五"期间云南铁路建设的重点，规划了中越（河口出境）、中老泰（磨憨出境）、中缅（瑞丽、清水河出境）、中缅印（腾冲猴桥出境）"五出境"铁路通道，境内段相关项目纳入了国家相关规划，其中，中越铁路通道境内段已建成准轨投运；中缅铁路通道境内段昆广扩能已建成通车。

"高速铁路是未来云南省铁路建设的重点。"张长生说，云南将突出滇中率先，加快迈向"高铁时代"，以昆明为核心，加快滇中城市群城际铁路建设，争取开工建设呈贡一

澄江—江川—红塔、大理—丽江等城际高铁项目，加快形成"四射五联"的总体布局。

目前，省政府已经批复同意组建云南省城际轨道投资控股公司，公司注册资本50亿元，主要从事城际铁路、市域铁路、资源开发性铁路、支线铁路的投融资、建设、经营管理。

规划到2020年，全省高铁营运里程达到1700千米（国家主导约1200千米、我省主导城际高铁约500千米），昆明至滇中的曲靖市麒麟区、玉溪市红塔区、楚雄市、红河州弥勒市1小时内到达，昭通市、文山州、大理州、丽江市实现高铁覆盖，全省经济总量前50位中60%的县域经济区、70%的5A级景区、60%的4A级景区通高铁。普洱市、西双版纳州、临沧市3个州市通过速度达到160千米/小时的快速铁路连接。保山、德宏（瑞丽）2个州市通过速度达到140千米/小时的快速铁路连接。

到2030年，全省高速铁路总规模约3100千米（城际铁路约1500千米），全省时空距离极大拉近，贵昆、成昆、南昆、内昆、沪昆客专、云桂、渝昆、滇藏"八出省"干线通道全面建成，昆明至北京、上海、广州的列车运行时间缩短至7.5至9小时，昆明至周边省会城市（直辖市）贵阳、成都、南宁、重庆的列车运行时间缩短至1.7至3.1小时。中越出境通道、中老泰出境通道、中缅出境双通道和中缅孟印通道基本形成，昆明至河口、磨憨、瑞丽、清水河和猴桥口岸5至6小时即可到达。

出席这次会议的人士认为，这是一幅线条明朗的云南高铁"路线图"，按照路线图的目标，未来云南的交通将实现较大的突破，而这一突破为旅游产业的发展奠定了良好的基础。

有关专家指出，云南高铁的布局是未来云南旅游产业发展的一面镜子，通过这面镜子，不难看出云南旅游产业的前景和"钱途"。

再看云南旅游"规划图"

可以说，高铁的建设和长远的规划坚定了云南旅游产业发展的信心，作为支柱产业之一的旅游产业需要的是一个大棋盘。

2016年，十二届省政府第93次常委会议审议通过的《云南省旅游产业"十三五"发展规划》对云南旅游产业的发展指明了方向。

在这个规划中提出，要按照"转型升级、内聚外融、品牌引领、项目带动、跨越发展"的思路，以旅游市场需求为导向，满足旅游消费供给为准绳，转型升级为主线，深化改革开放为动力，聚集和融合发展为重心，优存量、强增量、调结构、补短板、重品质、优服务，全面构建旅游综合实力强、市场竞争力强、带动功能强和产业贡献强的现代旅游产业综合体系，实现从旅游大省向旅游强省的新跨越。

省政协委员姚越苏认为，该规划是一幅未来云南旅游产业发展的"规划图"，而这幅图的形成是在高铁建设的基础上来着笔的。如果没有现代化的交通工具，云南的旅游是不可能以这样的大手笔来规划的。

一位旅游方面的专家也认为，高铁时代的到来，让云南在旅游产业发展的布局上有了新的考虑和规划，这些规划是很超前也较为科学的。

该规划提出，"十三五"期间，努力把云南建成国内一流、国际著名的旅游目的地和面向南亚东南亚的旅游辐射中心，把旅游产业打造成稳增长、调结构、促就业、惠民生的新支点，培育成全省经济社会发展的重要战略性支柱产业和人民群众更加满意的现代服务业。

到2020年，接待海内外旅游总人数突破6亿人次，旅游总收入突破8500亿元，年均增长13%和21%以上，游客人均消费提高到1700元；旅游增加值占全省GDP比重10%以上，旅游固定资产规模4000亿元；旅游直接就业人数达到200万人，间接带动就业人数960万人以上，累计带动脱贫人口80万人。

如果说这些目标对于这样一个边疆欠发达省份来说够宏伟的话，

其具体的措施也绝对够震撼。

规划提出，要着力打造元阳哈尼梯田等5大世界遗产旅游地。完善提升昆明滇池、西双版纳等10个国家级省级旅游度假区，推动20省级旅游度假区建设，重点培育20个以上的温泉康养度假旅游区。着力发展以保护湿地为基础的生态旅游区，形成15个国家公园实体，重点建设40个森林公园和45个湿地公园。改造提升100个传统旅游景区，新建一批高品质旅游景区，力争到2020年国家5A级景区增加到10个以上、4A级景区增加到90个以上，形成100个以上的精品景区。

除了这些，还将着力构建新型旅游城镇体系。按照旅游全域化、产业现代化、品牌国际化、服务品质化、城市景观化的要求，加快建设25个特色旅游城市、60个现代旅游强县、60个旅游名镇，推进20个旅游型城市综合体建设。

打造文化旅游精品名牌新产品。继续推进一批历史文化旅游项目建设，重点建设10个以上文化旅游产业园区、主题文化游乐园和红色文化旅游区，打造20条以上民族文化休闲街区，培育10个国内一流的品牌旅游节庆产品和20个特色旅游节庆产品。积极发展休闲农业旅游新产品。

着力打造一批休闲农业园区，推进50个全国休闲农业与乡村旅游示范点建设，建设200个旅游精品农业庄园。积极推进工业旅游新业态发展。培育一批特色产业旅游园区和工业旅游示范点；积极发展旅游商品加工业和旅游装备加工制造业。

大力发展旅游服务新产品和新业态，建设100个养老养生旅游项目、300个自驾游露营地、20个医疗健康旅游项目、10个以上国家级省级体育旅游基地、20家航空旅游产业基地，积极开发高铁旅游产品。同时，还要积极推进旅游与生态建设融合，巩固提升已建3个国家生态旅游示范区，创建一批国家级生态旅游示范区，推进旅游循环经济试点。

最为突出的是，在规划旅游产业发展的同时，还将扶贫也关联其中。

如提出的实施乡村旅游扶贫工程，重点推进100个建档立卡贫困村的旅游扶贫开发，继续推进旅游规划扶贫公益行动。重点建设一批旅游特色村，改造提升原有350个旅游特色村，新建300个民族特色旅游村，250个旅游传统村落和100个旅游扶贫村，力争在"十三五"末期全省形成1000个旅游特色村。提升乡村旅游质量和水平，提升旅游精品农庄管理服务水平，扶持培育6000家乡村精品客栈、10000家农家乐，配套建设一批乡村休闲小景区。

在此基础上，还强调了强化旅游基础设施建设。对此，省政协委员许萍森认为，云南的旅游基础设施建设是一大短板，补齐这个短板至关重要，也是当务之急。

那么如何来补短板呢？

"规划"提出，将加快推进旅游专线、环线公路建设，打通断头路，推动旅游机场、航线建设，探索开发低空游览，推进旅游码头、旅游城市慢行系统及大众休闲广场建设。完善旅游餐饮、住宿、购物、娱乐等旅游要素体系。

完善旅游公共服务体系，新建和改建100个游客服务中心、200个游客休息站点、2000座旅游厕所，建设300个自驾车（房车）露营地和500个停车场，新建和提升一批旅游标识标牌。

优化旅游产品结构，推动以观光型旅游产品为主向包括观光游览、文化体验、休闲度假、专项旅游产品在内的复合型旅游产品体系

转型升级，力争在"十三五"末期全省休闲度假旅游和专项旅游的比重超过50%。强化旅游品牌建设，创新旅游营销理念和方式，形成专业化、品牌化、网络化营销模式，扩大国内外旅游客源市场。

大棋盘中的旅游产业布局

如果说《云南省旅游产业"十三五"发展规划》呈现的是一个大棋盘的话，云南各州市的规划就是一颗颗棋子，如何落好每一颗棋子显然是成败输赢的关键。

事实上，随着高铁时代的到来，云南各州市在产业布局上依然有所体现。

如作为省会城市的昆明提出，产业兴则昆明强，发展产业是昆明工作的重中之重。昆明市加快发展以生物医药、医疗健康服务、康体养生等为重点的大健康产业，把昆明建设成为全国大健康产业示范区。大力实施全域旅游发展战略，把昆明打造成为世界知名旅游城市、国际旅游集散地和目的地。除此之外，还突出要打响"世界春城花都、历史文化名城、西南开放门户、国际旅游城市、中国健康之城"五大城市品牌，增强昆明的吸引力和影响力。

其配合高铁开通所要做的就是加快"198556"干线公路网建设，实现县县通高速、与滇中各城市双高速连通，构建快速通畅、脉络清晰、功能完备、高效衔接的城市路网，全面完成自然村公路通达通畅工程，建成轨道交通1至6号线和9号线，开工建设7号线、8号线、安

宁线、嵩明线，推进沪昆、云桂、渝昆高铁和南昆铁路配套工程，形成内连外通的城乡道路交通体系。

此外，还将建设接待能力达到日均2万人的昆明高铁南站游客服务主中心和日均1万人的石林大叠水游客服务次中心，及一批游客服务站；围绕昆明南站在呈贡新区新建20家商务酒店、度假酒店及乡村酒店等，包括5家星级酒店，保证旺季增加3125间客房，5000个床位，其中星级酒店达到1250个床位。而在旅游景区景点的细节方面，也将建设完成200个国家A级旅游厕所，成为昆明市旅游名片。要加快推进石林、九乡风景区、轿子山等老景区提升改造，力争到2020年全市5A级旅游景区达到4家，轿子雪山申报成为国家公园；推进翠湖、陆军讲武堂、中信嘉丽泽等景区积极创建国家A级景区。

未来3年内，昆明将建设不同规模和不同类型的自驾车营地20个。

作为高铁沿线的曲靖，则提出要加快推进以"五网"为重点的基础设施建设，实现县与县、国高网干线之间互联互通，2017年上半年实现县县通高速。改造提升国省干线公路，重点建设乡村、村组公路，加强客运站、农村招呼站衔接配套，到2020年，所有自然村通公路，村庄道路硬化全覆盖。建成宣威支线机场和罗平、沾益、会泽通用机场，启动建设师宗、陆良、马龙通用机场打造全省领先的通用航空基地。加快形成辐射内外、快捷高效的物流体系，基本建成全国区域级流通节点城市。

玉溪市则提出，结合高铁时代的到来，将把玉溪市建成国际大通道和现代物流重要枢纽、辐射南亚东南亚的重要基地。到2018年，实现"县县通高速"。建成生态宜居文明幸福的魅力之城，创新型试点城市"六城同创"任务，城市形象全面提升，力争城镇化率达到60%。在此基础上，坚定不移地巩固提升卷烟及配套、矿冶及装备制造、高原特色现代农业三大传统产业，发展壮大生物医药及大健康、文化旅游、信息、现代物流四大新兴产业。

红河州提出，将全力实施融入滇中、联动南北、开放发展三大战略。并在未来五年，着力构建连接东西、贯通南北、安全快捷的现代综合交通体系，力争全州高速公路通车里程突破1200千米。加快信息基础设施建设，充分利用"互联网+"新技术，建设"智慧红河"。在产业布局上则要按照宜工则工、宜农则农、宜商则商、宜旅游则旅游的原则，集中力量培育壮大高原特色现代农业、旅游文化、新材料和信息、生物医药和大健康、食品与消费品制造、现代物流六大重点产业，加快产业集群发展，形成经济增长新动能。

文山州境内作为高铁重要的经停地，提出要加快构建"一圈一带三廊"的区域空间布局，建设文砚平半小时经济圈。推进生物制药、有色金属与铝产业为重点基地建设，承接东部产业转移。加快建设东西向、西部纵向、中部纵向三条经济走廊，推进高原农特产品生产与精深加工、现代物流、矿电等产

业，培育滇桂合作水电铝工业基地和百色—文山跨省经济合作园区产业增长极，建设东入沿海、西连滇中出滇西的东西向经济走廊。建设滇东南旅游文化休闲度假基地、滇桂黔结合部区域性现代商贸物流基地，培育以广南为代表的高原特色农产品基地、农产品生产加工和麻栗坡与西畴石材加工增长极，建设连接广西、贵州，带动文山中东部发展的中部纵向经济走廊。

在高铁路线规划中，众所关心的渝昆高铁，预计2023年开通，云南境内经过盐津、彝良、昭阳区、会泽、寻甸、嵩明到昆明。如此一来，昭通即是重要的高铁经停地。

对此，昭通提出的规划是，将实施综合交通"五年大会战"，努力把昭通建成区域交通枢纽。加快构建"一环两横四纵六联络"高速公路网，实现"县县通高速"，打造全市"两小时交通圈"。并且按照开放型、创新型和绿色化、信息化、高端化要求，构建昭鲁大片区、镇彝威片区和沿金沙江经济带"两区一带"产业发展空间布局。突出苹果、天麻等优势产业，打造一批农业龙头"小巨人"企业，实现高原特色农业综合产值1000亿元、增加值220亿元以上。构建"一心两点三线"旅游布局，打造昭通休闲避暑胜地品牌。

而在《云南省旅游产业"十三五"发展规划》中被列为全国性综合交通枢纽的大理则提出，将加快构建"北进川渝、南出国境、东连滇中、内网互通"的综合交通网络。该州将着力发展先进装备制造业，延长产业链，形成产业集群。并促进旅游业与城镇化、新型工业化、信息化、农业现代化、绿色化融合发展；大力推进"互联网+"实现旅游业全域共建、全域共融、全域共享。

高铁时代：
云南旅游该何去何从

◆撰文 张居正

随着高铁时代的到来,云南旅游产业迎来了新的机遇。相关专家表示,高铁正成为游客出行的重要选择,大量游客的到达,将释放巨大的旅游消费能力,带给云南省旅游业更多的利好和发展空间。

然而,一个不可回避的现实是,后高铁时代的一系列软硬环境还存在着诸多的短板。

从旅游大省到旅游强省的嬗变

昆明铁路局发布的数据显示,刚刚过去的五一小长假,高铁旅游越来越受到广大旅客的喜爱,特别是云桂铁路沿途的特殊地貌及旅游资源,让云桂铁路成为今年小长假最受欢迎的热门线路。小长假期间,云桂铁路共计发送旅客10.34万人,为满足节日期间旅客的出行需求,小长假期间昆明铁路局新增开8列昆明南—弥勒、4列昆明南—富宁的临时动车组列车,极大地满足了旅客的出行需求。

事实上,从今年的元旦开始,这一效应已经明显显现。如元旦期间,受到高铁开通影响,沪昆客专、云桂铁路和昆玉城际铁路沿线各州市的旅游主要指标呈现快速增长的态势。

而据昆明市旅游发展委员会的分析测算,因高铁的开通,昆明旅游时空格局发展将根本改变,赴昆游客数量有望呈现井喷式增长。预计到2020年,高铁将为昆明带来约3000万人次游客、600亿元旅游收入,约占全市旅游业增量的四分之一。

数据上的显著增加甚至是几倍的增加,显然是高铁效应尤其是对于短途游和时间较短的假期来说,高铁更是最优先考虑的出行方式,高铁游正成为一种大众出游方式。

以往,北上广老百姓要想去"彩云之南"游玩,除了坐飞机最合适的选择就是铁路了,但是高昂的飞机票不是普通老百姓可以承受得起的,火车较长的运行时间也让很多爱旅行的人望而却步。如今,大家有了新的选择——高铁。就算是小长假,下了班去云南散散心,来一场说走就走的旅行也不再是空想。

有关专家表示,高铁开通运营后,对昆明旅游业的拉动将产生最直接的影响,旅游客源市场将明显改变,沪、浙、赣、湘、黔、桂、粤等地游客往来将更加频繁,而且,高铁开通后,"旅"的时间减少了,"游"的时间增加了。相比以往的观光型旅游,游客对休闲度假游的需求将会增大,多条省时、省钱的高铁旅游线会成为周末和小长假最具价值的旅游线路。

5月1日下午,由南宁开往昆明的一列动车在昆明南站停靠后,从普者黑度假归来的刘志一家满脸笑容地走下车。这个小长假,他们一家三口人乘坐动车到丘北普者黑度假。

"以前去普者黑都是靠自驾，现在有了更舒适快捷的交通方式，让我们游性更足，出行更方便了。"刘志说。半小时后，这列动车经过休整，又载满了返程的旅客开往广西。

业内人士表示，高铁在购票流程和通关入关的便利性，以及准点率、心理安全感等方面，都有优势。再基于快捷、便利的特点，高铁旅游一定会是一种成熟的、大众的旅行方式。

省旅游商会秘书长李瑜敏认为，高铁的发展，打破了空间格局，缩短了时间距离，淡化了城市形态边界，凸显了城市集群、区域经济价值。面对高铁旅游经济带来的挑战和机遇，各旅游要素企业要立足市场、细分客群需求、推出新产品、提高服务质量、提升企业核心竞争力。

《旅游研究》杂志主编、昆明学院旅游学院教授窦志萍表示，高铁沿线各州市应形成完善的旅游公共服务配套体系，围绕高铁站提供便捷的交通服务、开发旅游产品；各州市、各景区可通过多种营销手段，开发和推广"高铁票+景区票"等形式多样的新型高铁旅游专项产品。

不可回避的"问题清单"

省政协委员张建伟认为，要讨论高铁时代的旅游发展，首先得思考高铁会给我们带来的影响。站在更高的层面上看，高铁的开通，云南将快速融入沿海发达地区，特别是上海的"三圈"，即经济圈、生活圈和文化圈。云南的"三圈"也可能会成为发达地区商人瞄准的对象：即生态圈、资源圈和民族风情圈。随着国家"一带一路"倡议的实施，这种地理空间上的限制将会发生改变，云南将会成为走出去的前沿；随着高铁的开通，由末梢变为前沿将会得到进一步的体现，因此，"三圈"的联通、融入与互动将给云南带来机遇，同时也会带来新的挑战。

昆明市政协委员何燕认为："高铁时代"的旅游竞争，是特色差异发展的竞争，必须跳出单打独斗的传统发展理念，打破区域壁垒和无序竞争模式，连片抱团推动城市旅游开发和营销推介，联动打造旅游品牌、提升旅游品质和丰富旅游内涵，着力在区域竞争中做大做强。要借鉴改革开放经验，抓住战略机遇期，充分意识到高铁开通价值，抓旅游产业，促旅游重大项目建设；抓旅游事业，促旅游服务不断提升；抓招商引资，促旅游经济持续增长；抓融合发展，促旅游发展空间拓展；要打破行政区域界限，整装开发旅游资源，充分整合市内旅游文化资源，进行高品位设计包装。要顺应旅游消费升级的新趋势，加大围绕重点旅游景区，结合发展乡村旅游，规划建设一批高品位的度假、休闲、娱乐等"卫星景点"，推出更加多元、更加丰富、更具个性的旅游线路及半自助游和自由行产品。高铁入滇，给红土高原运来热气腾腾希望的同时，也将不可避免地捎来系列"问题清单"。

玉溪站 Yuxi Railway Station

业内人士认为，我省在旅游产业发展方面仍面临诸多严峻挑战：如多个城市布局不合理、功能不健全、环境不优等问题逐渐显现，很多城市建设缺乏其应有的旅游特色和个性；旅游产业大而不强，高端旅游要素稀缺，主要体现在资本以及专业人才、基础设施、科技应用、旅游信息化系统等方面，甚至形成短板；旅游产业结构不合理，景区"门票经济"现象没有明显改变，旅游二次消费能力亟待提高；旅游重大项目建设瓶颈制约较多，低水平重复建设现象突出；旅游市场痼疾仍存，制约了旅游业的健康发展。

推动旅游业长远发展

张建伟认为，我省各级旅游部门应认真梳理沿线旅游城市的负面清单，清除重复部分，根据负面清单来提升完善自身，彰显云南高原特色。

"一子落而满盘活。"业内人士认为，大量游客的到达，将释放巨大的旅游消费能力，高铁开通给云南旅游业带来的红利不言而喻。许多城市到云南推介旅游资源，也力求分到一杯羹，而作为直接受益者的云南，在全域旅游背景下，大有可为。

住滇全国政协委员、台盟云南省委副主委陈俊骢建议，政府要高度重视高铁站及周边设施的配套能力、应急能力的提升，加快构建旅游快速交通体系，完善城市交通配套设施建设，打通各沿线城市最短交通连线，逐步形成各种交通方式无缝衔接、换乘便捷的道路交通网

络；要提高旅游产品的服务和质量，努力打造高品质的旅游景区、旅游度假区和精品酒店；加大营销力度，快速提升知名度和塑造形象，为游客提供充分的旅游资讯；充分运用昆明得天独厚的自然条件和民族文化资源优势，发挥创意，打造特色旅游，让游客多留下来。专家学者建议，在高铁沿线景点形成旅游联盟体，开通专业网站、APP等，开展营销活动，完善服务体系，开发旅游平台，以全新的姿态迎接"高铁时代"的机遇和挑战，推动旅游业长远发展。

民进云南省委认为，高铁在现代交通运输中具有"输送能力强、气候影响小、舒适方便、正点率高、速度快、能耗低、安全环保、经济效益好"等优势，这种全新、便捷、高效的出行方式将给云南省旅游带来全新的机遇与挑战。

民进云南省委建议实施品牌战略，打造旅游精品名品。以沿线周边良好的旅游资源为基础，推动旅游资源的整合发展、转型提升和品牌打造，紧紧围绕"吃、住、行、游、购、娱"的传统要素和"商、养、学、闲、情、奇"的旅游新要素，打造、扶持一批品牌产品和企业，减缓域外资本对本地旅游企业的冲击，降低高铁"虹吸效应"影响，提升旅游服务品质，增强城市综合旅游吸引力。

此外，还要大力推动全域旅游，促进旅游统筹发展。旅游业具有综合性强、关联度大的特点，要把全域旅游作为大众旅游时代旅游业发展的新思路，突破行业、部

门、区域局限，把旅游业作为战略性产业放到推进新型工业化、城镇化、信息化和农业现代化大格局来谋划，促进旅游业与生态、文化、体育等产业深度融合，形成多点支撑的大旅游发展格局，推动旅游业统筹发展。

民进云南省委还建议，要推动产业融合，培育旅游新业态。高铁游客构成多样，游客对旅游产品的需求也是多元化、个性化的。要打破制约行业发展和产业融合的一些条条框框和瓶颈，使"旅游+"战略真正落地生根，在传统旅游产业基础上延伸产业链，把旅游经济做大做强，实现旅游产业全辐射带动。

此外，要加快旅游基础设施建设，完善旅游公共服务体系。一方面完善旅游公共服务，高铁站内除了形象广告外，还应增加实用性的指南，要考虑游客中心、旅行社服务的设立和有效服务，另一方面，完善交通换乘，昆明高铁站建在呈贡，离主城区较远，乘客下车换乘不便，要尽快解决公交、出租、地铁等交通换乘和车辆停放问题，并做好高铁和其他交通的衔接。

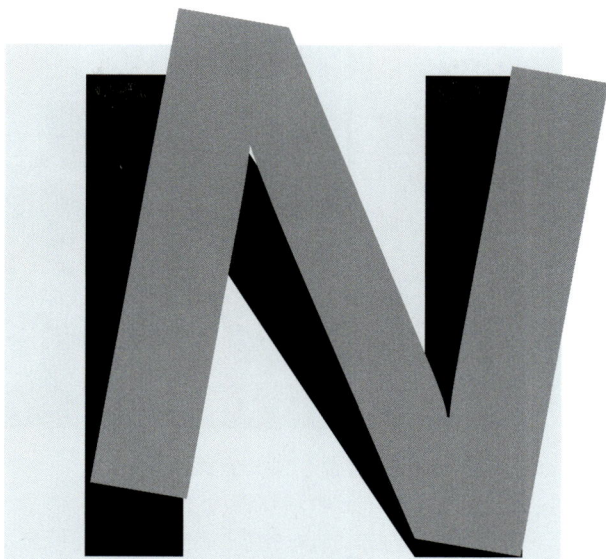

云南旅游突围的
N个"处方"

◆撰文 张居正

高铁给云南带来的机遇是不言而喻的，正是因为高铁的开通，让云南的旅游之火烧得更旺。然而，云南旅游业本身却面临着不可回避的"痛点"。如云南的低价团、导游骂人、强制消费等事件在互联网时代几乎一夜传遍大江南北，让云南旅游脆弱到了极点。也正因为如此，云南省主要领导才表示，要以刮骨疗伤的勇气来面对和解决旅游业发展中存在的一些问题……

云南谋划旅游产业转型升级

那么面对高铁旅游带来的机遇，云南应如何补齐短板呢？

对此，云南相关部门可谓未雨绸缪，把这一工作想在了前面，就在2016年7月21日，省旅发委召开了云南高铁旅游专题座谈会，邀请相关部门负责人、企业代表和专家学者建言献策。与会者认为，高铁的开通，不仅会使入滇游客量明显增长，也将对云南省旅游环境支撑体系、旅游综合服务体系、旅游营销体系、产品和商品体系等提出挑战，是云南省重新审视旅游业现状、优化整合旅游资源、推动旅游发展提质提速的重要契机。

面对高铁开通带来的新变化，旅游部门积极采取行动，努力适应和对接。据悉，为迎接高铁开通，省旅发委一方面要求高铁沿线州市认真谋划，做强终到站、做大节点站、做美高铁沿线、做优支撑项目、做精旅游服务，以高铁为动力，进一步加快云南全域旅游发展和旅游产业转型升级；另一方面，加大全省景区景点建设，全面提升软硬件接待设施和水平。

为应对高铁对旅游客源市场的改变，全省旅游部门和旅游企业跳出单打独斗的传统发展理念，积极打破区域壁垒和无序竞争模式，联合省内外资源抱团推动城市旅游开发和营销推介。去年11月，云南省组织了"开往春天的列车——乘着高铁去云南"2016沪昆高铁云南旅游推介活动，贯穿贵阳、长沙、南昌、杭州、上海5座沪昆高铁途经省会城市及直辖市，加强与各省在旅游产品研发、旅游宣传促销、游客互送、旅游信息交换等方面的合作，实现互利共赢。

云南痛下决心"刮骨疗伤"

今年4月15日起正式施行的《云南省旅游市场秩序整治工作措施》被称为"最严措施"，除了取消旅游定点购物，并严禁变相安排和诱导购物外，还将严厉打击发布、销售、经营

"不合理低价游"产品。

省旅游发展委员会党组书记、主任余繁介绍，云南此前实施了"30天无理由退货"制度，加大了检查和查处力度，探索建立了旅游市场综合监管机制，旅游市场整治取得一些成效，但整治效果还不够理想，整治工作仍停留在治标阶段，支撑"不合理低价游"的深层次问题还没有得到彻底解决，连接"不合理低价游"的灰色利益链条还没有彻底斩断。

为彻底整治旅游市场，解决深层次问题，云南本次出台的这一《措施》，争取一年内让旅游市场秩序实现根本好转。

《措施》规定，在旅游购物管理方面，针对旅游购物"高定价、高回扣"等问题，该措施明确，将取消旅游定点购物，将所有旅游购物企业纳入社会普通商品零售企业进行统一监管；严禁变相安排和诱导购物，防止购物商店与旅行社和司陪人员之间形成新的灰色利益链条；严厉打击购物商店针对旅游者的各类欺诈销售行为。以最彻底的措施斩断灰色利益链条。

在旅行社管理方面，针对旅行社普遍存在的"不合理低价游"经营模式，云南将以最严厉的措施规范旅行社经营行为。

而在导游管理方面，针对导游服务质量存在的问题，云南将建立全省统一的导游管理信息平台，将全省所有导游纳入平台进行实时动态监管；建立导游服务质量网上评价系统，把评价结果作为导游星级评定和导游从业评价考核的主要依据，公开导游考核评价结果，形成导游良性竞争机制和良好执业环境。要求有关企业要与签约导游依法签订劳动合同，建立合理薪酬制度，保障导游合法权益。

《措施》针对景区管理薄弱、秩序较乱等问题，要求制定出台旅游景区景点管理办法，强化景区景点标准化管理。对景区存在的游客投诉多、安全隐患突出等问题进行集中整治。

此外，《措施》规定，在目前5州市和2县市试行"1＋3＋N"旅游综合监管机制并取得实效的基础上，云南拟在全省重点旅游地区推行"1＋3＋N＋1"旅游综合监管模式。推进行业协会改革。

针对目前各级政府在旅游市场监管中存在的"不愿管、不敢管，管不了、管不好"等责任不落实的情况，《措施》要求，强化旅游市场属地监管责任，州、市政府主要领导为旅游市场监管第一责任人，将旅游市场监管纳入年度综合考评内容，对市场监管不力，发生恶性旅游事件，造成恶劣社会影响的，对相关责任人进行严肃问责。还加大了监督考核问责力度，建立旅游综合监管考核评价制度，每季度对州市进行量化考评；季度综合考评连续3次处于后3位的，对州、市政府主要领导进行约谈；连续3次处于末位的，对州、市政府主要领导及相关人员进行问责。

"阵痛"之后的振奋

除了《措施》的出台外，按省级有关部门要求，已建立了旅游警察的云南7州市（昆明、丽江、大理、西双版纳、迪庆、瑞丽、腾冲），也将相继建立工商旅游警察队伍，这将开创云南旅游市场整治的新局面，不断完善和成熟的云南旅游市场监督体系，有望在全国充当示范者角色。

值得关注的是，这些措施实施后，记者调查得知，昆明康辉旅行社、昆明中国国际旅行社、昆明中北国际旅行社、昆明春秋假日国际旅行社等旅行社门店，发现除个别旅行社的部分省内游线路报价仍低于此前公布的成本价外，大部分旅行社的省内游线路报价基本达到或超过成本价，比以往有一定上升。

在一些景区的购物店出现关门歇业的情况；省内旅游线路因售价翻番，导致团队减少，不少导游在家休息，景区接待人数下滑……云南旅游正在经历着转型升级的阵痛。此项新规，最大的亮点就是取消旅游定点购物，不再对旅游购物企业进行等级评定认定，原评定的旅游购物企业不再定点接待旅游团队，所有旅游购物企业纳入社会商品零售企业进行统一监管。

对此，一位不愿具名的旅游主管部门领导称，新政实施前，大家就已想到会出现团队数量剧烈下降的情况。这是一个预料之中的市场反应。但是阵痛时间有多长，取决于转型升级有多快。

一位业内人士认为，随着旅游转型升级，依靠云南旅游这块金字招牌，市场一定会逐渐回升。摆脱了传统的低价团模式，不用达到原有的接待量，就可达到甚至超过原有旅游收入。

事实上，这位人士的观点很快就得到了验证，据昆明铁路局统计数据显示，"五一"假日运输期间（4月28日至5月1日），昆明铁路局累计发送旅客68.8万人，同比增加10.4万人，增长17.8%。其中，直通旅客14.3万人，增长21.6%；省内旅客54.5万人，增长16.9%。4月29日全局发送人数20.1万人，创同期历史新高。

以地方标签命名高铁推旅游

面对高铁时代，云南旅游的突围之路可谓一次又一次地刷新，其中多家旅行社纷纷携手推出高铁旅游产品和高铁旅游促销活动，而原本各自为营的景区景点也"手拉手"融合进入高铁旅游带，高铁旅游成为旅游市场的一大新亮点。

昆明康辉旅行社董事长周新民在接受采访时表示，借力高铁，康辉将充分利用云南得天独厚的旅游资源，针对高铁旅游的特点，设计新的旅游产品，满足游客舒适、快捷及多元化的需求，创新旅游产品，提升服务质量。

更值得一提的是，目前以云南7个地方命名的高铁奔向全国，推广云南的旅游。如开通的"文山号"列车就打出了坐"文山号"去体验"三生三世十里桃花"的宣传口号。"文山号"文化旅游高铁列车从昆明南始发，途经滇、桂、粤三省区的15个城市，文山"深藏闺中人未识"的旅游资源也将通过"文化号"将具有文山特色的图文、视频、民族歌舞表演和特色商品展销，让更多的人了解文山，感受文山的魅力和风采，文化列车也将成为文山移动的"文化旅游长廊"。

此外，还有开往"世外桃源"的"坝美号"、开往深圳北的"曲靖号"、开往广州南的"弥勒号"、开往北京西的"丽江号"、开往广州南的"玉溪号"、开往北京西的"香格里拉号"，这些列车均是以地方命名，起到了积极的推广宣传作用。

如昆明南至广州南D3836次"坝美号"文化旅游列车从昆明南始发，经广南县站，一路驰骋前往广州南。"坝美号"文化旅游列车途经云南、广西、广东三省（区）15个城市，单程运行时间9小时左右，实现广南与广西、广东等重点旅游地区千里一日游的梦想，让中国世外桃源——坝美走向全国、走向世界，对弘扬广南厚重的历史文化将起到积极的推动作用。

红河州一位领导表示，"弥勒号"高铁文化旅游列车的开行，将实现云南，特别是弥勒与广西、广州等重点旅游地区客源市场的直接对接，加速与周边地区旅游一体化的进程，促进弥勒观光旅游、休闲度假、康体养生、民俗体验、生态旅游、边境探秘等旅游产品的开发与提升。

当然，"玉溪号"高铁文化旅游列车的特色也是比较鲜明的，这趟高铁列车从玉溪首发开往昆明南，再由昆明南开往广州南。这趟列车的开通对玉溪步入"滇中半小时"经济圈具有重要的意义，也将进一步拉动玉溪与珠三角经济发达地区的联系，对弘扬玉溪多元文化起到积极的推动作用。

"丽江号"也是旅游者较为关注的一趟高铁列车。丽江是一个神奇、美丽、开放、和谐的地方，旅游资源丰富，文化底蕴深厚，20多年来，丽江旅游业发展迅猛，取得了骄人的业绩，已经形成了涵盖食、住、行、游、购、娱在内的完整的旅游产业体系。"丽江号"高铁专列把当地最具有代表性的自然景观和人文景观融入高铁列车中，通过外车门玻璃贴、车厢内LED信息屏、头枕片、小桌板贴、行李架彩贴、列车广播等形式，将动车打造成了展示丽江旅游景点、旅游产品及丽江民族文化的"移动长廊"。

迎接大客流
景区景点需要增加旅游新要素

◆撰文 张莹莹

2016年年底，沪昆铁路、云桂铁路两条高铁的通车，对云南旅游的拉动立竿见影。游客的急剧增加，面对新的考验和机遇，云南旅游景区和景点是否做好了准备？

高铁拉动云南景区"升温"

今年清明小长假期间，因为电视剧《三生三世十里桃花》热播让文山州丘北普者黑掀起了一阵狂热的旅游热潮。在云南民族大学上学的小徐就和几名同学在清明节期间乘坐动车去了一趟普者黑。"以前觉得普者黑好远，坐车都要好几个小时，想想都觉得累。"小徐说，现在有了动车这么舒适快捷的交通方式，暑假还要再去。

天津游客邵先生告诉记者，过去来云南旅游最大的困扰就是交通不便，大部分时间是在大巴车上度过的，旅游的意义感觉就是在"旅途"中了，"游览"的时间并不是很充裕，更多的时候只是在"走马观花"。而高铁的开通，把许多州市连接起来，到云南旅游方便多了。相比以往的观光型旅游，随着游客对休闲度假游的需求增大，多条省时、省钱的高铁旅游线路将会成为周末和小长假最具价值的旅游线路。

来自云南省旅发委的数据显示，今年元旦小长假，随着高铁的开通，乘坐高铁去省内各州市的游客数量呈现大幅增长。

其中，接待游客规模超过2万人次以上的景区有4个。昆明市旅游发展委员会分析测算，因高铁的开通，昆明旅游时空格局发展将根本改变。预计到2020年，高铁将为昆明带来约3000万人次游客、600亿元旅游收入，约占全市旅游业增量的四分之一。

通过高铁的带动，昆明周边城市的旅游资源，旅游线路产品将与沪昆、云桂高铁沿线的贵州、长沙、南昌、杭州、南宁等地区的旅游资源联为一体，并辐射华东游、港澳游、红色旅游、东南亚出境游，促进旅游目的地加快形成。

"井喷式的客流"，许多人曾在高铁开通前夕这样形容在高铁开通后迎来的旅游高峰期，而旅游基础设施建设，提升旅游接待能力，也成为许多景区景点面临的重要问题。

为此，昆明市加快了智慧旅游建设，在打造官渡区、石林县2个全域智慧旅游示范区的同时，建设石林景区、九乡景区、滇池国家旅游度假区、轿子雪山景区等10个智慧景区示范点，推进万溪冲幸福村、台湾农民创业园等一批智慧乡村旅游示范点的建议。

业内人士表示，高铁在购票流程和通关入关的便利性，以及准点率、心理安全感等方面，都有优势。再基于快捷、便利的特点，高铁旅游一定会是一种成熟的、大众的旅行方式。

专家分析，高铁将激活沿途2小时范围内的"同城旅游（休闲）"需求，促进商务、亲子、中老年、学生等客群和传统客群的稳步增长，以及周末自助游、落地自驾游的发展，成为传统旅行社航空组团、集中在寒暑假和黄金周时段旅游的有益补充。

配套的供给做到转型升级

省政协委员王键提出，高铁开通带来发展机遇的同时，也必将掀起新一轮旅游发展竞争：高铁仅改善了干线出行条件，但未改善旅游其他要素，相对而言更会暴露出旅游目的地的"短板"；高铁的强大关联辐射作用，让沿线周边地域具有对客源同等的吸引力，我们能获得的客源，上下游站点也可"共享"；高铁对旅游业产生的"虹吸效应"，使得我们在获得客源增长的同时，也会把本地旅游资本、人才和旅游消费吸引到发达地区。

如何正确认识自身优势和不足，抓住高铁旅游时代的到来，推进旅游强省建设迈上新台阶。为此，王键建议说，首先是实施品牌战略，打造旅游精品名品。以沿线周边良好的旅游资源为基础，推动旅游资源的整合发展、转型提升和品牌打造，紧紧围绕"吃、住、行、游、购、娱"的传统旅游要素和"商、养、学、闲、情、奇"的旅游新要素，打造、扶持一批品牌产品和企业，减缓域外资本对本地旅游企业的冲击，降低高铁"虹吸效应"的影响，提升旅游服务品质，增强城市综合旅游吸引力。

2016年7月21日，省旅发委召开云南高铁旅游专题座谈会，邀请相关部门负责人、企业代表和专家学者建言献策。大家认为，高铁的开通，不仅会使入滇游客量明显增长，也将对我省旅游环境支撑体系、旅游综合服务体系、旅游营销体系、产品和商品体系等提出挑战，是我省重新审视旅游业现状、优化整合旅游资源、推动旅游发展提质提速的重要契机。

昆明学院旅游学院教授窦志萍表示，高铁沿线州市应形成完善的旅游公共服务配套体系，围绕高铁站提供便捷的交通服务、开发旅游产品；各州市、各景区可通过多种营销手段，开发和推广"高铁票+景区票"等形式多样的新型高铁旅游专项产品。

面对高铁开通带来的新变化，旅游部门积极采取行动，努力适应和对接。

"高铁的开通给云南旅游带来了重要机遇。"省旅发委副主任陈述云做客"金色热线"栏目时也谈到，游客进来了，供给就成为目前发展旅游需要重点解决的问题。

据他介绍，为此，省旅发委下发了相关通知，从几个方面来改善高铁沿线的旅游供给：一是提高高铁沿线旅游产品供给，加快一批老景区的改造和沿线重大项目、新型旅游消费项目开发，来扩大旅游消费；第二，提高沿线旅游公共设施的支撑能力，景区厕所、休息凳、服务中心等公共服务设施要保证供给。第三，提高沿线旅游服务质量，因为沿线的旅行社、景点、餐饮、吃住行游购娱服务质量怎么样，决定着游客对云南高铁旅游沿线产品消费的印象和回头率。第四，加大高铁宣传营销。

管理薄弱、秩序混乱等是云南旅游景区景点监管中存在的问题，4月15日起施行的《云南省旅游市场秩序整治工作措施》将制定出台旅游景区景点管理办法，强化景区景点标准化管理；规范旅游景区经营管理，整治景区环境卫生、社会治安、交通秩序等，加强景区内部管理，规范景区经营行为，提升服务质量。对景区存在的游客投诉多、安全隐患突出等问题进行集中整治。

相信，如果把"软件"和"硬件"条件做好，以后会有更多的朋友坐上高铁来到云南观光旅游。

高铁时代下
旅行社亟须快速打开"周边游"

◆撰文 张莹莹

随着高铁的开通，昆明的一些旅行社也借此"东风"纷纷调整旅游线路，相继推出与高铁相关的多条旅游产品，以周末游和短途游居多，一些成熟的高铁旅游产品受到游客欢迎。

采访过程中，很多旅行社负责人都提到了普者黑、弥勒，而在过去，这两个地方并不算是云南旅游产品中的重点，但高铁的开通，让昆明到这些设有高铁站点地方的距离变近了，相关旅游线路也应运而生。

随着高铁的开通，不少旅行社正致力于开发高铁沿途城市深度游系列产品，让游客从传统的观光休闲旅游方式，转为深度感受、体验旅游目的地的方式。云南省国际旅行社便是其中之一。该旅行社已经有昆明至贵阳、昆明至普者黑、昆明至北海等四五条高铁旅游产品，团费价格在250—600元之间，颇受游客欢迎。

以昆明至普者黑这条高铁线路为例，该旅行社每周发一次团，每个团成员平均20人，开通至今基本上每周爆满。而高铁未开通前，昆明至普者黑常规短途游仅在普者黑荷花盛花期时，报团游客才会出现爆满的情况。

据云南省国际旅行社负责人介绍，高铁开通前后，前往普者黑的团费价格都在600至800元之间，相差不大，但高铁游中人数的增加让旅行社的收益呈明显上升趋势。

以往昆明游客喜欢自驾前往弥勒泡温泉，泡完温泉就走，耗时耗力，没法完全领略弥勒的魅力。现在深度挖掘弥勒的美食、人文文化正成为旅行社从组织自驾游转型为高铁游的一个重要方向。

昆明铁路国际旅行社开发的20余条与高铁相关的旅游产品中，包括昆明至贵阳、昆明至广西、昆明至长沙。该旅行社相关负责

人介绍，高铁旅游产品缩减了在路上的时间，让游客可以将更多的时间花费在游玩上。以他们推出的5至6天的贵阳游为例，以前游玩黔东南和黔西北需要分两次才能玩遍，而现在

一条旅游产品就能玩遍两地。

以组织入境游为主的昆明中国国际旅行社有限公司营业部副总经理甘卫平介绍，很多国外游客到云南来最想了解的就是少数民族文化，特别是云南的三江并流、元阳梯田等"世界文化遗产"是国外游客最为喜欢的旅游产品。高铁开通后确实带来了很多便捷，但作为一些常规线路来说，却仍有很多不便之处。

甘卫平指出，特别是深度游，如果是体验民俗和摄影方面的，乘坐高铁仍有一些不便之处。就目前来看，我省很多州市虽然通了高铁站点，但实际上从高铁站到景区的公交系统还不完善，游客到了高铁站还是要乘坐旅游大巴，有时甚至是到了高铁站后还需要租车才能到景区，这样算下来的成本还不如一开始就租车。

另外，从高铁的价格上看，外地游客到了昆明，再乘坐高铁到州市的景点往往受到运营时间等方面的限制，还不如租车说走就走更为节省时间和成本。

"高铁刚刚开通，对于云南人来说或许是非常新鲜的，但对于北上广的游客来说就是习以为常了，那些地方来的游客来云南多数不会选择高铁出游。"甘卫平指出，高铁游更适合短途旅游，或许在旅游线路和产品的开发上更加适合于云南境内或是贵州、广西周边省份的"周末游"和"小长假游"。

现在云南省正在进行旅游整治，"低价游"是其中的一个重要方面。但甘卫平还提到了一个现实问题:作为成熟的交通系统，航空方面经常有一些特价的机票，而高铁则没有。如果是选择旅游，出行成本是游客选择旅游目的地的一个重要参考，倘若乘坐高铁到云南的价格比乘坐飞机到国外的价格还贵，或许就不会选择到云南来旅游了。

说到高铁给云南旅游产业带来的改变，甘卫平说，带来人流、物流的增加是肯定的，而且人们又多了一种新的旅游出行渠道，自然是值得肯定的。但带来欣喜变化的同时，也希望云南在交通、餐饮、酒店、高速公路服务站、景区建设等硬件设施方面进一步提高。另外，在旅游从业者的素质和服务意识方面更需要进一步提高。

高铁的开通，让游客可单独前往各个旅游目的地，不依靠旅行社，这将对传统旅行社产生冲击和挑战。云南美途国际旅行社有限公司董事长、总经理汪涛认为，传统旅行社必须致力于调整、完善旅游产品设计和服务，并完善一直以来做得较弱的周边游产品，这将产生、形成新的消费模式。

吃货眼中的云南美：
不吃怎么知道美

◆ 撰文 冯涛

业内人士普遍认为，一般来说，高铁开通都能给站点城市带来20%—40%的游客增长量。吃，是旅游中很重要的一个要素。根据携程数据统计，超过70%的用户认为，品尝当地美食在整个行程中是"非常重要"的部分。高铁的开通拉近了各地吃货们的空间距离，让享受美食变得简单。如何让游客吃得放心、吃得开心，品尝到云南特色佳肴，是各餐饮企业争相考量的发展大计。

感受云南美从"吃"开始

昆明市政协委员、昆明仟真和餐饮有限公司董事长李琰在接受记者采访时表示，云南有非常丰富的原生食材，随手都可获得各种特色的资源，以及白族、哈尼族、傣族等少数民族独有的饮食文化。游客落地云南后，感受云南的美从"吃"开始。餐饮企业应该以美食为窗口，使美食与旅游文化高度融合，展示云南绚丽多姿的民族民间文化。

事实上，在弘扬滇菜美食文化方面，仟真和走在了前列。仟真和旗下一大主力品牌"醉云喃"滇味民俗餐厅，汇聚了云南各地的特色名菜，如"都督烧卖"源于宜良县的一道特色美食；"腾冲稀豆粉饵丝"是腾冲市当地的一道市井美食，已有四百多年历史；"哈尼蘸水鸡"是哈尼族一道特色佳肴，这道菜是哈尼族人待客的最高礼节。自然的制作工艺，原生态、多元化口味，深受各路食客的喜爱。2015年11月，"醉云喃"入选由云南省旅游行业协会评选出的"最地道云南美食餐厅"，2016年6月，获得云南省餐饮与美食行业协会颁发的"中国好滇宴金牌奖"。

近年来，云南餐饮企业对餐饮文化、企业文化的重视程度大幅提高，在烹饪方法上也做出很多改良，涌现出一批在全国都有一定竞争力的云南餐饮企业，云南餐饮业优势正在形成。来自商务部网站的消息表明，去年1—9月我省餐饮业实现收入606.89亿元，同比增长11.8%。2016年9月24日，昆明市正式启动申报"世界美食之都"的程序。

据记者了解，近年来，滇菜"走出去"取得一定成果，目前在缅甸、泰国、老挝、越南、美国、加拿大、澳大利亚等11个国家和地区，有50多家滇菜企业。预计到2018年，云南省餐饮业收入将达到3000亿元，餐饮业有望成为云南省的支柱产业。

民族特色餐饮大有可为

不过在大多数人眼里，高铁既然可以带来巨大的客流量，同样会带来更多的竞争对手。在高铁时代的引领下，面对城市综合体的不断拓展，云南餐饮业站在了一个新的历史起点，面临一系列的机遇和挑战。

专家指出，正是旅游消费和餐饮消费互相促进，带动了市场的发展。云南旅游业的发展离不开餐饮业的有效支撑。餐饮不仅是一种旅游产品，更是文化传播渠道，是旅游经济增长的支点。

确实，良好的气候资源和丰富美丽的自然景观成就了云南的旅游，也造就了云南与旅游相关的吃、住、娱等的兼容并蓄。来云南旅游的国内外游客不断增多，因此不同地区和国度的美食也在昆明落地生根，形成了昆明多姿多彩的外来饮食。眼下，在云南可品尝到世界各地的异域美食，如日本料理、韩国料理、泰国菜系、巴西烤肉等；此外，川、鲁、淮、粤等各地美食都能觅到踪影；至于少数民族美食如傣族、苗族、壮族美食都以其鲜明的民族或地区特色斗艳春城。

另外，大量的酒吧、茶楼、主题餐厅、休闲餐厅、自助餐厅等，引发了新的饮食时尚。17万家云南餐饮企业，给云南旅游市场注入了无限活力。

从宏观环境看，在人们生活时尚的引领下，必将促进餐饮业快速发展。

此前，国家旅游局印发了《关于进一步促进旅游业发展的意见》，指出随着人民群众旅游需求的增长，对旅游业的发展提出了新的更高要求。服务业和旅游业的政策利好，为云南餐饮业发展展示了广阔的发展空间。

以昆明为例，如今，漫步昆明的大街小巷，民族特色餐饮星罗棋布，以其独特的菜品和饮食文化招徕着各方食客。站在全省范围来看，民族餐饮正在逐步大众化、社会化，为快速发展的云南餐饮业增添了活力。

在一些人还在疑惑少数民族餐饮是否能跻身滇味餐饮的时候，少数民族餐饮已牵手旅游业，让云南旅游如虎添翼！

不少餐饮企业掌门人认为，如果站在产业开发的角度，利用和提炼民族餐饮文化中的精华，不断推出特色鲜明的绿色餐饮及民族风情餐饮，弘扬云南少数民族传统餐饮文化，不仅可以发展壮大餐饮业，还能与旅游业相辅相成，取得更大的经济效益，为云南省加快服务业发展出一份劲力。

人才匮乏制约滇菜发展

一个产业的健康发展，往往离不开三句话：即科技提升品质，文化创造价值，品牌开拓市场。

中国饮食业国家一级评委、云南省美食文化大师蒋彪，对于云南餐饮的未来发展，最关心也是最揪心的问题，就是关于云南少数民族餐饮的营养价值及科研院所如何利用检测数据来支撑的问题。

他说，云南餐饮食用原料很多，素有吃花、吃菌、吃虫、吃药膳的传统。这些吃法，虽符合人体健康和肠道等消化系统吸收，但是，它们究竟营养价值何在，有哪些好处？至今没有一个权威、系统的说法。云南的科研院所应该在这方面做些研究，用科学数据提升云南餐饮的品质和声誉。

蒋彪说，即使是人工种植的菌类，据科学家检测都含有丰富的真菌多糖，能增强人体细胞活性，增强肌体免疫力。而云南餐饮食用的野生菌类，应该更好，但其营养价值等相关含量，迫切需要相关科研院所的研究数据来支撑。

"食疗同源"在少数民族餐饮中有着广泛的体现。云南餐饮中不少调味品，如板蓝根、大芫荽等，都有药用价值，但其药用价值究竟如何，也需要数据说话，需要科研跟上。

针对眼下时髦而价格不菲的燕窝、鱼翅、鲍鱼，蒋彪有其独特的看法。他说，人们不知道，这些海鲜到云南的大都是干货，干货的营养价值远不如鲜货。干货的细胞间质干了，不存在了，而且细胞本身的物质也被破坏了，有的甚至含有重金属等有害物质。但是要让人们了解，也离不开科研数据的支持。

云南省著名美食文化与烹饪大师关明，身兼中国烹饪协会清真专业委员会副秘书长、国际素食联盟观察员。据说，关明的门下传人，

至今已无一人坚守在烹饪岗位上了。他说："2002年开始，我就招不上生了，没办法了。正规院校不招生了，社会办学火起来了。学历越来越高啦，动手越来越差啦！"

关明认为，培养机制的缺陷，造成滇味厨师人才断档、人才匮乏，从而严重制约了滇菜的发展。2002年开始，他执教的云南烹饪旅游进修学校就招不上生源了，多年形成的职业教育如今不复存在。昆明学院旅游系培养的400多名大专生，也都在20世纪90年代末全部改行了。

蒋彪说："同样拿一个厨师证，社会办学只需要几个月，而正规学校需要几年。"对此，他表态说："现在搞短训班，实为卖证，是对烹饪学科的摧残。很多拿到厨师证的人，甚至说不出8大菜系。做滇菜的厨师，大多是四川厨师，跟他说拌凉米线要放甜酱油，他们不以为然。我们看到的滇菜，常常是凉菜里泡着红油，被异化了。"

餐饮行业提质增效促跨越

谈到滇菜如何抢抓机遇，快步发展，云南省政协常委、省餐饮与美食行业协会执行会会长杨艾军提出，应该把美食作为云南重要的服务业和旅游资源，由政府层面进行引导、扶持和培育。

在杨艾军看来，2017年是云南餐饮行业提质增效的一年，就餐饮行业中的企业和从业人员如何顺势而为，以此来适应提质增效，他提出了几点建议：第一，产品个性化。在对经营产品的硬件、软件上的策划和设计要更加人性化。第二，品牌全国化。云南餐饮业在国际上有名的品牌凤毛麟角，在全国有名的餐饮企业也为数不多，今年，餐饮企业要更注重品牌全国化问题。第三，客户内在化。餐饮企业要通过企业的模式、创新手段、产品以及服务以提高客人的忠诚度，并形成良性循环。第四，企业升级化。把餐饮业理解为一种现代服务的传统业。企业可以从电子、意识、理念、模式等方面着重考虑企业的升级问题。第五，数据作用化。在对社会经济的贡献、解决就业、拉动内需、帮扶脱贫、旅游文化强省的建设等方面，餐饮行业企业应通过数据呈现。第六，行业产业化。从食材原料的源头，到物流、教育和培训，到社会责任和经济责任等方向上，全面融会贯通，连接成为一个行业产业化的发展趋势，行业才能得到可持续性发展。

在如何应对外来品牌竞争方面，李琰介绍，仟真和也有自己一些独到的做法，如旗下品牌"耀华力"泰国民俗餐厅用地道的泰国美食，依据泰菜经典的酸辣传统理念经营，掀起了泰国美食新风潮，成为真正的泰国美食文化的交流地。其次，还将推出全新的购物餐饮体验"肴美村"，在这里，可以买到各地特色农产品，还可以种菜、品滇剧。此外，以美食为载体，将非物质文化遗产"辣子鸡"等资源整合在一起，让顾客享受美食的同时，还能立体展现云南美食文化。

"美食文化交流是没有国界的。"李琰说，下一步，仟真和将做好规划，把东南亚国家作为拓展重点，积极"走出去"，全方位展现云南特色餐饮美食。

坐上地铁赶高铁 朝发夕至真是快

——高铁带给云南人的出行改变

◆撰文 贾 磊

朝发夕至，是多少代云南人多少年的梦想，而今，迈入高铁时代，瞬间改变的时空距离，彻底颠覆了传统出行模式，让人们感受到了从未有过的快捷和便利。

出行新感受 旅行更任意

又一次奔赴扶贫调研点，在省直机关工作的杨女士一早从北市区乘地铁，花50多分钟到达昆明高铁站。通过自助售票机，取好票以后半个小时，她登上了开往丘北的高铁，全程用时67分钟。

"与过去最快捷的自驾车要花4个小时相比，真呢不敢想象。"杨女士深有体会地说道，"高铁真是太方便了！"

乐瑶在昆明读大学，一个周末，她突发奇想就邀约同舍好友去弥勒泡温泉，结果由于学校在呈贡，仅20分钟就到了高铁站。乘上高铁后，我的乖乖，不到半小时，她们就已经徜徉在福泉的热汤里，洗去了一周的疲惫。"简直不敢相信耶，比我们到城区都要快，这是什么节奏啊？"乐瑶和好友无限感慨地说道。

杨女士和乐瑶她们的感受不过是高铁带给云南人出行方式改变的一个缩影，事实上，目前高铁所到之处，记者发现，从公务员、老板

到工人、农民，外出办事，无疑将高铁视为首选，毕竟大家都算得清楚明白白的经济账和时间账。

不少受访的昆明市民表示，对比下来，虽然高铁车站以及机场一般地处较偏，而具有"门到门"优势的高速公路在一两百公里的距离之内是个不错的选择。但是，坐上地铁赶高铁，正成为当下人们的一种时尚出行，高铁的开通正改变着人们的传统出行方式。

成因：云南对高铁的渴望

"彩云之南，万绿之宗"，享有如此盛名的云南，怎能因交通出行问题而沉默。这里山河壮丽，自然风光优美，加上众多的历史古迹、多姿多彩的民俗风情、神秘的宗教文化，为云南增添了无限魅力。长期以来，来云南旅游的客人与日俱增，可始终有一部分外地游客因长途跋涉的时间、精力和成本，而对来云南旅游望而却步，有驻昆想法的企业也只能持观望态度。

而一直以来，"火车没有汽车快"，云南铁路虽然起步早，但地势

陡峭、多变，加上技术、资源缺失，速度一直提不起来。运力跟不上需要，铁路状况处境尴尬。但自2016年12月28日，云南正式迈入高铁时代起，这样的现状得到了彻底改观。

随着沪昆高铁、南昆客运专线等项目建成通车，云南高铁里程实现了零的突破，一跃迈入了高铁时代，为无数向往云南的客商架起了一座便捷的桥梁，拉近了云南与内地的距离，促进了社会经济的发展。

由于高铁具有快捷、便利、舒适、方便等特点，所以在高铁开通之后，云南人随时可以来一场说走就走的旅行。

曾经的"火车没有汽车快，不通国内通国外"的云南，在铁路建设方面，正掀起一场"风花雪月"的变革——迎接"高铁时代"的到来。虽然这份"迟来的爱"仍然需要等待，但渐行渐近的"高铁时代"，正催促着云南未来数年在区域影响力、经济版图、产业重构、生产生活方式的巨大变革。

据悉，目前，云南铁路建设仍

处于大投资、大建设、大发展阶段，云南正围绕"八出省五出境"云南铁路网规划，加快构建成昆、内昆、沪昆、南昆、贵昆客专、云桂铁路、渝昆和滇藏8条出省大能力铁路通道，以及"中越、中老、中缅、新中缅、中缅印"5条出境铁路通道。

挑战：机遇挑战并行

随着"八出省五出境"铁路网的加快建设，将构筑起云南铁路通江达海、连接周边的枢纽中心，云南将从原来全国铁路网的末梢跃居前几位。

以旅游业为例，云南迈入高铁时代后，不仅改变了游客的出行方式，更将给云南省旅游产业发展带来深刻的影响。据了解，全省旅游行业和系统正积极行动，借高铁开通的重要机遇，努力推动旅游产业转型升级。昆明应该考虑建立旅游、物流的大数据中心，利用高铁促进云南省旅游、物流等优势产业的转型升级。借助高铁优势，云南将与南亚、东南亚各国共同打造泛亚旅游产业链。

此外，进入高铁时代，云南将拉近与世界的距离，成为充满新希望的省市。云南机遇不断，却也迎来了新挑战。匆忙之间，云南像一个刚被推上舞台的新演员，茫然、惊喜，又手足无措。在一次民进昆明市委组织的"高铁时代来临 云南准备好了吗？"的议政建言讨论会上，委员们各抒己见地发表了他们的看法，大家普遍提出的观点是，高铁时代下，云南首当其冲的是这五个问题。

与高铁对应、互相连通的交通设施是否已经基本完善？高铁承载了大量进入云南的旅客，这些旅客除了乘坐地铁到达市区，打车是否方便，公交系统是否已经达到无缝对接？据了解，高铁站外黑车拉客现象还未根除，依然存在不安全隐患，出租车难等的问题还未解决。高铁到火车站、汽车站、机场等客流量较多的地段，仍然存在诸多需要改进的地方。

对于高铁带来的较大客流量和人流量，云南是否做好了容纳的准备？公共设施基础建设是否与预计增加人流量相符合？一个城市的承载力是有限的，如果人流量超出城市承载力，是否有应对方案？

客流量增多，随之而来的治安、秩序维护，都需要各行业之间的配合，尤其是旅游业方面的服务、治安保护。近年来，云南旅游

问题频发，为了维护云南形象，保证旅游业可持续健康发展，最严旅游法规发布之后，是否得到切实实施，是否发挥了预期作用？

高铁时代的到来，城市间的距离缩短，资金、人才、信息、物流等，将会大量涌入昆明，从而促进沿线经济发展，为云南的经济发展带来前所未有的推动力。然而，一座城市的环境承载力是有限的。呼啸而来的高铁时代，给昆明经济发展带来机遇的同时，昆明也将面临一系列挑战。纵观中国城市建设过程中，总会造成一些高碳排放的问题，如重复建设、盲目建设、过度超前、贪大求洋、规划不连续等。

外来投资增多的同时，外来优秀企业也将对我省传统产业、本土原有企业带来不同程度的挑战，在激烈的市场竞争中，原有产业和企业是否能够转变观念、跟上时代步伐，充分运用新机遇，吸收好外来资源和技术，扩大国内外市场，立好脚跟。

应对：高铁时代准备什么

在今年的省两会上，不少委员认为，如果高铁开通后，所经之地还是靠摆地摊卖点低价商品，将形不成高铁效应，也达不到预期效果，希望提升云南名特优产品的附加值。

与此有同感的省人大代表李云锁，作为昆明晨农企业集团董事长，他说，作为农业企业，晨农集团每年都要运送很多农产品到全国各地，目前主要依靠汽车冷链运输。高铁通了之后，李云锁有个建议，希望高铁能够开通专门的货运专列，或者是设立专门的货运车厢。"云南有很多有特色的名优产品，由于交通不便，一直是'久在深闺无人识'。现在高铁通了，除了旅客外，应该迅速解决企业的这些货运需求。"

"虽然高铁已经开进云南，但辐射的地方还不多，地域也不广，因此云南应加快融入高铁路网的步伐。" 云南省政协委员赵明光建议，加快对昆广铁路进行立项改造提速，实现昆明至大理满速200千米运行，全线开行动车。

他的理由是，大理作为云南省正在建设的滇西中心城市，是云南西部枢纽和中心。近年来云南省委、省政府高度重视大理州的发展，2012年启动实施了广大铁路扩能改造工程，预计2017年建成通车，运行标准要达到200千米/小时。

赵明光说，但目前突出的问题是，广大铁路是昆明至广通至大理铁路的一部分，可由于昆明至广通铁路没有进行升级改造，导致该线路列车运行速度仍是160千米/小时，成为整条线路的短板和瓶颈。他为此建议，省发改委和昆明铁路局应对昆明至广通铁路进行立项改造提速，使运行标准与广大线一致，达到200千米/小时，以实现昆明至广通至大理满速200千米/小时运行，并全线开行动车，形成大理交通的"大枢纽""快速化""多网络"的格局，加快云南高铁路网的建设。

住滇全国政协委员陈俊骢认为，为应对高铁对旅游客源市场的改变，全省旅游部门和旅游企业应跳出单打独斗的传统发展理念，积极打破区域壁垒和无序竞争模式，联合省内外资源抱团推动城市旅游开发和营销推介。面对高铁经济带来的挑战和机遇，各行各业要立足市场、细分客群需求、推出新产品、提高服务质量、提升企业核心竞争力，积极应对新局势。

在交通出行方面，交通行业应当共同合作，实现各种交通方式之间的无缝对接。公交公司、出租车公司、昆明铁路局、航空公司、地铁等，应统一战线，通力合作服务好旅客。昆明铁路局也要以管好用好铁路为己任，把两条线打造成为安全优质、服务一流的"示范线"，打造成精品旅游、带动发展的"致富线"，打造成各民族团结进步、共同繁荣的"幸福线"。

夜宿画中才惬意 日行千里不担忧

◆撰文 李芳

> 高铁带来的影响是方方面面的，那些看不见的潜在影响，正在随高铁的延伸，逐渐蔓延到人们生活的各个方面。

酒店业悄然发生的新变化

随着 2017 年春节黄金周收官，昆明市鸡年春节期间的旅游也告一段落。在高铁游和旅游品牌活动的促进下，昆明市酒店业在今年春节期间入住率比往年增长，其中春节假期开房率较去年有了较大提升，但一个新变化是，不少酒店反映，房客中长住客下降了，短住客却有了明显上升。

"我们是沿着云桂高铁沿线旅游，从广西到云南，来到文山壮族苗族自治州丘北县后，发现好的酒店真的是难找。"游客陈阿姨在春节期间和家人一同旅游，沿着高铁一路玩下来的她表示，平时到云南旅游，找酒店是一件很容易的事，加上网上的促销活动，一般 200 元就可以住上不错的酒店。但是今年春节，她却花了翻倍的价格才能住上平时水平的酒店。和陈阿姨有着同样经历的，还有来自广西梧州的游客赵伯，"春节期间到石林来玩，不仅人多车多，酒店也很难找。"赵伯表示，很多酒店的双人房早早就住满人，找了几家酒店才找到地方住。据统计，石林县大年初一到年初三的酒店入住率均达到72%以上，随后几天虽有回落，但是仍维持在65%以上的入住率，并带动餐饮业的火爆。

高铁、高速公路等交通的便利，带动了我省酒店业在节假日期间的火爆。

记者走访了昆明市区的五星级

酒店以及连锁酒店，受访酒店相关人士均表示，高铁从某种程度上带动了酒店业的发展，毕竟花在路上的时间少了，住的时间自然就增加了。但同时带来的一个变化就是，由于从甲地到乙地的时间大大缩短了，随之带来的是，游客在整个旅行过程中住的时间是增加了，但可能是分配到不同的地方，如在这个城市住一晚，到另一个城市住两晚……对酒店业而言，最大的变化就是，短住客增多了，长住客减少了。

从事旅游业的范志宇认为，随着分享经济和高铁时代的到来，80后、90后越来越喜欢通过互联网进行分享，并将闲置的资源利用起来，这让所有业内人士非常看好这个领域。"中国以家庭为单位的消费者的度假习惯已逐渐形成，他们中大多数人在出行中都希望拥有家一般的、个性化的住宿体验，而短租公寓恰巧能满足这部分市场的需求。"昆明一五星级酒店总管陈驰介绍，他们通过在互联网上发布的短租信息，获得了不错的效果。

酒店业面临的挑战

此种变化，给酒店业的挑战和考验何在呢？

昆明酒店业的张力勇认为，对云南来说，大部分在线短租平台起步不到5年，这个正在发展的市场，在为消费者提供多元化的住宿选择的同时，也存在着一些尚待解决的问题。比如，房源信息和图片的真实性、房屋的品质保证和管理、相关服务保障以及安全制度、租赁双方的信用体系等有待完善。

不过，对广大从业者来说，在关注在线短租市场蓬勃发展的同时，更多是在揣测：短租公寓是否会冲击酒店市场？

从业者黄艳说："这谈不上冲击。面对旅游消费者越来越个性化的需求，在酒店不能完全满足消费者体验的情况下，短租公寓刚好起到了补充的作用。"

酒店从业者李泽则表示，短租公寓有可能会吸引走一部分酒店的客人，但消费者对酒店的需求是不会减少的，尤其是商旅客人、会议团队等，他们还是更加依赖酒店标准化的服务模式。因此，短租公寓不会对酒店的发展产生颠覆性的影响。但对于酒店而言，不能放松警惕，应在产品、服务等方面下足功夫，发挥特色，让客人有更好的体验。

"从目前趋势看，短租公寓不仅是酒店市场比较有利的补充，而且还盘活了市面上大量闲置的房产，增加了居民收入、带动了就业。"范志宇认为，其实，现在一些酒店已经意识到短租公寓有可能会分流其客源，于是也开始进军公寓市场。在他看来，未来也不排除短租公寓和酒店融合发展的可能。

但是，也有业者指出，短租公寓对酒店正在形成竞争。短租公寓大多数客人属非本地客源，主要是以家庭为单位出游的群体。这部分群体是酒店的一个主要客源市场，尤其是在政务、会议市场逐年缩减之后。与此同时，短租公寓在房屋管理、服务保障、员工培养等方面，越来越接近传统酒店的品质，

加之其本身就有价格相对优惠、个性化突出等优势，短租公寓的前景不容小觑。

迎接个性化住宿时代的到来

"昆明高端酒店目前正面临着'内忧外患'的危机。"云南酒店业协会相关人士表示，高铁时代对人们出行带来的变化，使得高端酒店出现了一定程度上的低迷。

记者调查发现，目前，昆明已有高端酒店做出了有针对性的调整，更加注重中端消费者市场，在销售策略和客户渠道上寻求新的突破点。

面对新一轮价格竞争，以及高铁时代的冲击，云南酒店业如何突围呢？

省政协委员王学鸿认为，从近年来云南的发展来看，1999年世博会开始，昆明向世界展示了自己丰富的旅游资源和历史文化，之后GMS会议、昆交会等一系列会展在昆明举办，也使昆明的国际化得到了快速发展。

2013年又迎来了利好因素，针对南亚国家的博览会——南博会落户昆明，而今这已经成为昆明最大的国际会展。在很多业内人士看来，南博会一定程度上成了云南看世界，世界看云南的新窗口，必将加速昆明成为面向东南亚、南亚区域的经济中心。

特别值得一提的是，伴随着中国"新丝路"经济带的提出，很多人又将2000年前的南方丝绸之路和云南联系到一起。从西南地区来看，来昆明的海外旅游者数量算是

高的了，但其中大多是来自东南亚、南亚等较为落后的国家，能够消费得起高端酒店的旅游者数量不多。

在多位接受采访的政协委员看来，迎接高铁时代的个性化住宿，云南的酒店要用自降身段、拓新业务来救市。

谈到应对高铁时代的到来，省政协委员保文莉建议，各星级酒店要在如何更好地迎接高铁开通、增加高端客源、提升服务质量、旅游安全、房价等方面做出思考和努力。

其次，各星级酒店要狠抓旅游服务质量，各星级酒店负责人要认真研读各级政府职能部门出台的关于星级饭店的具体规定，学习先进酒店的相关做法，进一步提高饭店服务质量。

"总之，高铁时代给酒店业带来的影响是很大的，但关键看如何迎接个性化住宿时代的到来，只有这样才能迎头赶上，迎接酒店业春天的到来。"省政协委员周文曙如是说道。

酒店业需要工匠精神

业内人士介绍，在改革开放前，我国饭店设施主要以事业接待为主，大多数饭店实行招待所的服务形式。经过30年的发展，目前我国已形成了1.5万余家星级饭店为主体、大量各种类型旅游住宿设施为补充的饭店产业。

"近年来，旅游饭店业发展空间不断延伸和拓展。一方面，国外品牌饭店在基本完成对一线城市的饭店布局后，开始向二三线城市延伸；另一方面，部分国内饭店企业开始较大规模地收购国外饭店和饭店管理公司，成功实现'走出去'，有效提升了我国旅游业的国际竞争力和影响力。"权威人士曾经对此作了评价。

曾在昆明从事饭店管理工作多年的业内人士告诉记者，昆明最早的涉外饭店昆明饭店，当时主要以接待为主，接待的对象主要是入境客人，而主要目的是获取外汇收入。如今，到酒店消费的客人不仅仅是入境游客，更多的则是国内游客，而且包括了商务、度假、探亲等多个群体，大众已成为支撑酒店业发展的市场主体。

云南省暨昆明市旅游饭店协会会长赵国雄认为，2017年，随着云南正式进入高铁时代，云南的中低端、经济型酒店在迎来新机遇的同时，也将面临新挑战。如何抓住机遇迎接挑战，应从以下方面进行改进。

第一，酒店不能单单满足游客住的需求，要从服务人性化、个性化、特色化等方面培养住客的忠诚度，提升住客对酒店的黏度。

第二，度假型酒店可以着重在满足"住"的需求上，结合酒店自身资源研发更多特色鲜明、个性化、结合当地文化的休闲旅游产品，合理规划客人在酒店入睡8小时以外的时间。

第三，云南民宿业的发展要有前瞻性，要根据市场需求来设计产品，深度挖掘云南少数民族特色及当地民风民俗文化，并在传承和保护的基础上与现代相结合，推陈出新进行改良。

2017年对于云南酒店业是机遇与挑战并存的一年，越来越多的国际高端酒店品牌来到云南，市场竞争只会越来越激烈，酒店业从业人员应该发扬工匠精神，认真研究如何包装酒店自身的资源性产品，使其更具竞争优势。

高铁带客来 好货不难卖

◆撰文 高月英

跨入高铁时代的云南，正迎来不少发展良机，其中就是云南特色旅游商品如何卖出去，并且卖个好价钱，成了各界人士关注的热点。

云南旅游商品的困局

旅游业作为云南增长最快的产业之一，凭借得天独厚的旅游资源，带动了旅游产业规模的不断扩大，旅游商品的产业结构也日趋完善。据云南省购物协会会长阮金刚介绍，过去五年间，云南旅游购物企业数量增长迅猛，其中不乏一些大规模的游购一体化的旅游综合体。伴随着这些旅游综合体的出现，目前在省购物协会登记过的旅游购物从业人员由2011年的两万余人，增至2015年的五万余人。

在云南旅游商品饱受同质化困扰及与低利润苦苦鏖战之时，昆明憨夯民间手工艺品有限公司总经理任立华就带着她那些具有中国少数民族特色、做工精良的娃娃们一路随着各种展销会，走出了云南，走向了世界。

在任立华眼中，产品设计的独特性、实用性和高性价比才是旅游商品在经济形势走低时的生存之道。她的民族娃，无论体积大小都坚持在外包装上附上符合这个少数

民族娃娃特点的中英文简介，这使得很多购买娃娃的外国人了解了中国的少数民族文化。随着产品的推陈出新，在潜心研究世界各地区人们的喜好后，任立华又开发出融入中国各少数民族元素的背包系列，富有设计感且与世界各大洲民众审美"对味"的包包，一经推出便很快打开了国外的销路。

面对纷至沓来的国外订单，任立华仍旧感到困难重重：一方面，随着憨夯民族娃名声的打响，本土小作坊对这些娃娃的侵权和盗版一波接一波，屡禁不止，耗时费力的打官司专利维护之路也因判决罚款过低而迟迟得不到赔偿和处罚；另一方面，在抵御沿海生产加工企业本地产销的地理优势带来的低价冲击的同时，还需要投入大量资金来打响自己产品在国外的名声和品牌，这些都成为摆在任立华眼前的难题。

"旅游商品的内涵和外延也随着消费者心理的变化在悄悄改变，消费者在旅游时购买的商品更看重实用性，消费趋于理性；加之，出于

商品受众的考虑，商家也在努力转型，从以前单一针对游客的装饰性旅游商品变为面向所有消费者的实用型消费商品品牌。"任立华说。

来自花之城市场部的同行对现在消费者在国内旅游购物时所表现出的"理性"深有感触。作为云南省内集吃住行游购娱6个要素于一体的旅游综合体，花之城的旅游商品虽然价格并不贵，但由于长期以来国内游购形式对消费者产生了很多负面的影响，以至于有的商品虽然质量上乘且价格合理，但只要出现在旅游购物店时便成了"价格虚高"，随之而来的是负面的消费体验，销售量也就随之下降。

为了扩大旅游商品的受众面，提高销售量，提升消费者的购物体验，即改变消费者被动跟团到购物店的消费模式，变为让消费者掌握购物主动权，花之城也在思考自己的品牌化路线和城市商业化路线。

用品质赢得市场

在旅游过程中，旅游购物消费

在国内仍有很大拓展空间。

据云南省旅游商品协会会长蔡超介绍，在发达国家，旅游购物能占到旅游消费的50%—60%，中国国内平均水平在20%左右，比世界平均值还低了10个百分点。

对于旅游商品实体如何应对网络销售的冲击，蔡超认为，网络销售离不开传统行业，互联网能够成为旅游商品的销售渠道之一，但更多的体验仍需要实体店面的存在，旅游商品的精神内涵也只有亲自到当地才能有切身的感受，这点是互联网线上销售做不到的。

对于政府主导的地方特色旅游商品的开发，大理州旅游发展委员会做出了成功的探索。比如，在"2015中国国际旅游交易会"上，来自大理下关的沱茶、巍山的扎染、

剑川的黑陶和剑川兴艺木雕4件作品获得金奖，而这几件获奖商品均来自大理首届特色旅游商品创意开发大赛。大理州旅游发展委员会宣传科的又凡在谈到这几件旅游商品时，很是自豪。

"这不失为解决旅游商品同质化问题的有效途径，也是面向社会集思广益的一个有效方式。目前大理州旅游发展委员会在大理古城的旅游商品展销中心正在筹备建设中，通过政府搭台为那些具有地方特色的旅游商品提供宣传的平台。"又凡说。

业内人士普遍认为，云南作为全国旅游大省，而旅游商品的发展并没有想象中那么强势，甚至在各种尴尬局面前失去了应有的色彩。因此，在高铁开通后，在提高沿线旅游市场服务水平方面，要加强从

业人员的培训，提高旅行社、餐饮、住宿、购物、娱乐、旅游车船等要素行业从业人员的服务水平；同时，要加强旅游城镇和旅游景区的旅游市场整治力度，加强地区间、部门间、行业间的协同联动。

同时，进一步加强旅游购物退货监理中心的建设。2016年11月21日，云南省旅游购物退货监理中心开始试运营。该中心以"企业资源、行业自律、政府监管、社会监督"为原则，通过监理中心组织旅游购物企业售后服务人员集中办公、集中受理退货投诉、各自分办处理、相互监督执行等方式，以监事会集中研究讨论、信息化手段和新闻媒体全程监督等管理手段，实现公开、快速、有效办理购物退货投诉，抑制"高物价、高回扣"的经营行为。

云南省旅游商会秘书长李瑜敏认为，高铁的发展，打破了空间格局，缩短了时间距离，淡化了城市形态边界，凸显了城市集群、区域经济价值。面对高铁旅游经济带来的挑战和机遇，各旅游要素企业要立足市场、细分客群需求、推出新产品、提高服务质量、提升企业核心竞争力。

面对高铁开通带来的新变化，广大从业者表示，近年来，云南旅游业发展得很好，希望通过主打民族元素，把旅游商品做得更具特色。

铁龙翻山岭 休闲娱乐一起飞

◆撰文 贾 磊

周末到上海购物、到广州喝早茶，然后不慌不忙地乘坐高铁，于周日下午或晚上返回昆明。这样的生活，如果说过去是昆明人的梦想的话，在云南迎来高铁时代的今天，一切都已经变得唾手可得。"高铁时代的到来，对人们的休闲、娱乐方式是一种颠覆式的影响，是人们过去不敢想的事情。"住滇全国政协委员、台盟云南省委副主委陈俊骢说道。

双城生活正变得越来越近

今年3月28日，随着昆明高铁"坝美号"文化列车首发，文山州广南市民王先生可高兴了。"过去到广州一趟，不计划个三五天，你不敢想，因为路途太遥远了。"王先生说，昆明南至广州南的文化旅游列车开通后，从昆明南站始发，经广南站，一路驰骋前往广州。

该旅游列车途经云南、广西、广东三省（区）15个城市，单程运行时间9小时左右，实现广南与广西、广东等重点旅游地区千里一日游的梦想。其实远比王先生开心的是广大昆明市民，因为他们从昆明南出发，只需1小时54分左右即可到达广南。"'地母圣境·句町故地·世外桃源'一直就想去看看，无奈业务太繁忙，只好作罢。现在有了高铁真是太好了，周末就可以实现昆明—广南—昆明的双城生活方式了。"与王先生希望过上广南

—广州—广南一样双城生活的昆明市民郑志坚，他的双城生活是另一个目的地。

而广南方面认为，高铁开启双城、多城生活之后，广南以独特的文化和魅力，将吸引更多的中外游客前往广南观光旅游、休闲度假以及投资置业，带动广南经济社会发展再上新台阶。让"世外桃源"——坝美，走向全国、走向世界，对弘扬广南厚重的历史文化将起到积极的推动作用。

随着高铁线路越开越多，跨省高铁引爆了市民充分体验和享受休闲、娱乐的欲望。

"太好了，以后到贵阳、上海有直达高铁，不用再转来转去，方便多了。"市民张先生说，因为工作关系，他经常需要到上海出差，如果坐高铁，因为没有直达线路，他只能通过专车来出行，常常拖着行李箱转来转去非常不便，有时候时间比较紧，就像是打仗，"直达后，晚

上坐车，睡一觉第二天早上就到了，省心。"

市民刘女士则表示："虽然昆明到上海的高铁要十几个小时，速度比飞机慢得多，但高铁舒适，沿途还可以通过窗户欣赏风景，很适合比较休闲的旅游。"在昆明市五华区政协副主席、民进昆明市委副主委靳宇看来，云南进入高铁时代后，时间距离的缩短让人们的空间感更为接近，沿线每座城市的教育、医疗、休闲、娱乐等资源都将在更大更广的平台上共享，今后以昆明为圆心，半径几百公里内的州市县城市都将慢慢变成昆明人周末度假的另一个家，双城生活、多城生活正向大家走来，愈走愈近。

高铁开通后的休闲、
娱乐业面临的机遇与挑战

对于云南而言，沪昆高铁通车以后，昆明与"北上广"等众多城市的距离将从过去的几十个小时，

缩短到十小时以内。而未来几年除了沪昆高铁外，还有云桂高铁、渝昆专线、泛亚铁路等交通枢纽工程陆续建成通车，云南与外界的联系将更加紧密。

作为上述众多铁路的重要枢纽站点，位于昆明呈贡新区的昆明火车新南站，是全国站线规模前三的高铁枢纽站，也是中国唯一通往南亚、东南亚的高铁枢纽站，有着不可替代的重要地位。昆明新南站全面投入运营后，将实现6-8小时抵达南亚、东南亚国家，6-8小时辐射中国长三角和珠三角地区，预计日均发送旅客达12.8万人次，年发送旅客可达4693万人次。

"这将给云南带来无限的投资机遇和行业机遇，其中尤以休闲娱乐为甚。"云南省投资控股集团有限公司董事长孙赟说，以昆明新南站的重要商业配套项目为例，该项目位于昆明新南站站前广场的"铁投启迪·高铁时代广场"，也将随着昆明新南站的投入运营，逐步呈现在全国乃至南亚、东南亚的消费者面前。

云南省铁路投资有限公司董事长宋诗佳表示，"铁投启迪·高铁时代广场"，将打造的是商业4.0模式，这一模式不仅包含了云南、南亚、东南亚等区域的主题性商业特质和目的性商业特质，还将融入带有全息影像、VR、无人机、机器人、人脸识别、飞翔影院等前沿科技的智慧商业特质。整个项目涵盖高铁客群口岸服务、连锁酒店、国际商务酒店、泛亚涉外企业总部等多种商业功能板块，将成为"中国高铁站前4.0商业+主题公园商业"的标杆。

业内人士较为一致看好的是，在这个寻求"幸福感"的年头，相比拥挤的CBD商圈，城际商业空间更大、购物休闲环境更舒适。在高铁时代，"城际购物"成为新型购物潮流，尤其是周末城际购物休闲，吸引越来越多具有消费能力的年轻族加入购物大军。在一系列大型国际商业配套的兴建和成熟运营下，作为昆明+州市府所在地的重要一端，昆明城际休闲体验的"范儿"

越来越足，对全省包括周边外省人流的虹吸效应也日渐强大。

从事娱乐业的叶先生认为，机遇与挑战总是一对并行的事物，在他看来，高铁同时也是一把"双刃剑"。随着高铁带来效应的凸显，却也带来了"虹吸"和"扩散"双重效应，这值得警惕和关注。从调研情况看，"武广高铁"的开通，引发了沿线城市竞争分化加大，呈现出"中心发展快、沿线竞争大、周边被挤压"的特点，比如武汉、长沙作为区域中心城市，借助发展优势吸附了周边大量优质产业、高端人才和社会资本，吸引了大量外地企业总部入驻，城市能级水平不断提升，经济总量进入了加速扩张期。

高铁开启昆明花样年华

谈到高铁对休闲娱乐的带动，人们最为看好的是昆明的花。在李克强总理到昆明斗南花卉市场调研的时候，总理对把昆明花卉做到世界第一寄予了厚望。

省政协委员王学鸿说，目前，

昆明斗南花卉是亚洲第一，还不是世界第一，但他认为，在高铁的推动下，斗南花卉会发展得越来越好。在他看来，赏花、买花是当下人们休闲、娱乐的主要内容之一，高铁带来大量的人流，自然会带动昆明花产业的发展。

在高铁时代到来后，花卉资源丰富、花卉产业发达的云南昆明，也在高铁的带动下，迎来了花卉旅游发展的新契机。

按照总理提出的目标，目前，依托云南花卉产业打造的斗南花花世界项目，将以花为媒介打造一个集会展、休闲、娱乐、旅游功能为一体的新兴商业区。云南高铁时代的到来，对于有着浓重产业属性和旅游属性的斗南花花世界而言，有着重要的意义。

斗南花卉产业集团文化总监毛海鹏表示，从世界范围来看，全球著名的花市都是观光旅游的胜地，比如荷兰的阿斯米尔，每年都有数百万的游客慕名而来，斗南花花世界也是如此。虽然项目目前还没有全部开业，但是每年来休闲旅游的外地游客就已经有几十万之多，高铁开通以后，对休闲、娱乐业的推动作用是不言而喻的。如何留住高铁给昆明每天带来的十几万消费者，斗南花花世界在除了自身强大的产业支撑外，还将以花为媒，打造一个花卉文化生活的体验地。据了解，项目整体开业后，除花卉交易、会展场馆外，其余部分均按照旅游小镇风格布局，设置花卉主题广场，建设花卉温室培养基地，规划大众休闲观光、康体度假酒店等

多种旅游项目，在这里享受最美的花卉体验。届时，斗南花花世界将与园区酒店、景区交替互补，吸引巨大的旅游人气。游客们也将享受到"吃喝玩购游"的一站式旅游新模式服务。

在突出休闲、娱乐这一主题方面，斗南花花世界还将以花卉为主题打造一个规模约35000平方米的"花鸟鱼虫"主题公园，汇聚鸟类、海洋、极地、热带雨林等主题元素。公园规划有：海洋动物表演场、海洋主题体验馆、全球珍稀花卉及花艺展区、鸟类王国、热带雨林探险馆、冰雪体验馆、科普体验区、亲子游乐区、主题餐厅等。在这里你可以遇见全球稀有花卉、热带雨林神秘动物、海洋巨型生物……作为云南第一座"花鸟鱼虫"主题乐园，在这里让你见怪不怪。

休闲娱乐准备好了吗

不少人认为，在高铁时代下，要让通高铁的城市具备购物休闲体验，绝不能缺少良好的生态环境。另外就是要充分认识人们休闲、娱乐消费观念加快转变，行业竞争走向特色化差异化品质化。"朝喝粤茶，午饮茅台，晚品豆腐"。高铁大幅提高了沿线城市的可达性，拉近了人的主观心理距离，有效加大了出行和消费意愿，游客"用手投票"和"用脚投票"的趋势明显增强，休闲、娱乐体验更加注重交通便捷、特色差异和品质内涵，条件较差的地方将由传统过夜游变为一日游、快闪游，形成休闲竞争强弱分化的格局。

在省政协委员张建伟看来，高

铁对人们兴起新兴的休闲、娱乐模式带动十分明显。

一是时空观的变化。从时空上拉近了城市间的距离，促进经济要素跨区域快速流动，打破了城市之间的传统发展格局。二是边界观的变化。城市与城市的发展边界变得更加模糊，发展空间得到极大拓展，加快了区域同城化、一体化进程。三是区位观的变化。沿线城市投资环境加快改善，在区域发展中的地位和作用得到重新审视和确立，城市发展焕发出新的活力。四是资源观的变化。城市发展获取资源的渠道变得更加多元和宽广，跨区域资源配置和分享逐步成为趋势，为城市借力发展、借梯登高创造了无限可能。

面对高铁带来的这些新变化、新挑战，业内人士表示，应顺势而为加大开发，着力打造高铁新区新城。各地政府按照"老城带动、新区开发、站场轴心"的发展思路，以骨干交通路网为纽带，紧紧围绕高铁场站，推进新城新区开发建设，着力拓展城市空间，优化功能布局，实现"一站带新城、一城促发展"。"尽量考虑把高铁站周边打造成集金融、商贸、居住等于一体的外向型城市副中心。"张建伟建议，必须注重完善配套来释放高铁红利。始终把高铁场站及其综合配套设施建设摆在优先位置，着力统筹好场内主体工程、便民设施、换乘系统和场外交通路网、公共配套、商业开发、绿化景观等项目建设，做好发展空间预留，为最大限度释放高铁红利创造条件。

他山之石

◆ 撰文　郭春柏

看湘桂黔如何预热高铁旅游

在高铁开通之前，省级旅游主管部门率旅行社及各州市相关人员前往广州、上海等地搞旅游宣传推介促销活动，向外省旅客送出"邀请函"，加强自身旅游硬件设施建设以适应高铁时代……湖南、广西、贵州等省区在迎接高铁时代到来时所做的一些准备工作，值得云南学习借鉴。

湖南：早抓机遇打实基础

沪昆高铁横穿潇湘大地，这无疑给湖南旅游发展带来无限机遇。

而湖南省旅游主管部门早有准备，狠抓机遇不放。

早在2014年8月，一场名曰"湖南辣么美"的湖南高铁游广东主题促销活动在广州市举行，现场人气高涨。湖南省旅游局、广东省旅游协会、途牛旅游网、同程旅游网嘉宾及游客代表共同启动"暑期百团高铁游湖南"活动。湖南省旅游局相关负责人现场对湖南高铁旅游资源进行推介，除了晒出丰富的旅游资源、展现独特的特色民俗歌舞外，湖南郴州、永州、衡阳、株洲、长沙、岳阳等10个高铁沿线城市也在现场发放旅游纪念品和旅游宣传资料，接受广州市民咨询。

2014年12月23—25日，湖南省旅游局率9个州市旅游局、景区旅行社负责人，前往南京、上海、杭州等地，邀请当地游客乘坐"快乐湖南号"，在长三角刮起"沪昆高铁穿越之旅"快乐旋风。

与此同时，湖南省以及各州市旅游部门还出台一些奖励措施以吸引游客。

此外，湖南省还借助沪昆高铁开通，重点打造沪昆高铁（湖南段）、湘东平汝高速旅游经济带，推进湘西酉水河（湖南段）、环洞庭湖、大湘西旅游精品线路建设。加速推进文化旅游重点县建设，为创建国民旅游休闲示范城市、中国国际旅游示范市和中国国际特色旅游目的地，打造一批具有湖湘文化特色的国际旅游目的地。

推进以"美丽乡村"建设为重点的旅游富民工程。抓好省旅游局联点的七个旅游扶贫村的发展，实施乡村旅游提质升级工程，探索旅游扶贫"湖南模式"。

加速推进张家界市国家旅游综合改革试点和湘潭（韶山）全国红色旅游融合发展示范区建设。

湖南省旅游部门还推行"旅游厕所革命"，湖南将回应国家旅游局部署的全国旅游厕所建设管理大行动，提升旅游气象服务水平，评定国民旅游休闲示范基地，提升目的地旅游公共服务功能，对旅游公共服务体系进一步完善。

在"智慧旅游"方面，湖南省以构建智慧旅游体系为重点，加强旅游信息化建设。建设并推广湖南旅游电子商务网，开发运行湖南旅游手机报，发行锦绣潇湘旅游卡。

广西：整合内外资源迎高铁

广西是全国首个开行高铁的少数民族自治区，高铁营运里程位居全国第3位，仅次于北京和上海。

2012年底，广西开通了湘桂高铁衡阳至桂林段、沿海高铁南宁至钦州段进行试运行。

2013年8月起，广西将全面挺进"高铁时代"——8条高铁全面开通。

到2015年，广西主要城市间全部开行高速动车组列车，基本形成布局合理、结构清晰、功能完善、衔接顺畅的现代化快速铁路运输网络。

旅游如何应对高铁时代的到来，广西的做法值得借鉴。

高铁开通，为广西旅游业发展带来了发展机遇。广西旅游主管部门在充分调研后认为，应依托高铁路网建设，构筑北部湾和大桂林两大旅游圈、建设多个旅游聚集区，打造多条高铁旅游线路。以大城市为突破口，统筹优化城乡发展，优化广西区域旅游发展空间格局。

高铁开通前夕，广西旅游规划部门向旅游主管部门建议，在高铁时代，应摒弃原始的景点竞争、线路竞争、城市竞争关系，应与沿线省市共同进入互换资源、互换市场、差异化发展的区域性旅游合作新阶段，构建区内、国内、国际的多层次、全方位的跨区域旅游线路，建立"政策互惠、客源互送、信息互通、资源共享、品牌互铸"的高铁沿线省市合作模式。

广西各城市主动融入高铁旅游线路中，以自己的特色和差异化产品，加强同周边广州（香港、澳门）、湛江、贵阳、重庆、衡阳、长沙等地的联系，加强区域景区间的合作，建立无障碍旅游区，使区域内各大景区形成一个互惠共赢的利益联合体，打破各自为政的局面，形成规模效应，统一"打包"推向市场，合力打造特色旅游线路。

广西与相邻的贵州，苗侗民俗文化风情各异，有很大的互补性，因此，可依托贵广高铁整合桂林、柳州、黔东南区域旅游资源，以观赏苗侗风情、民族建筑和苗岭风光为主，感受中国多彩的少数民族风情，构建苗侗民俗文化精品旅游线路。

还有湖南的红色之旅，依托湘桂铁路，将红色景点与绿色景观、人文胜迹交相辉映，以红色旅游体验为主，构建一条跨区域红色旅游精品旅游线路。

为了适应高铁时代，广西还完善了一批龙头旅游景区，提升旅游景区开发的深度，建设一批特色景观旅游名镇（村），重点打造山水休闲度假、滨海及海岛休闲度假、乡村休闲度假、城市休闲度假、温泉休闲度假等产品。

贵州：走出大山"卖"旅游

近年来，业界屡屡传出"贵州旅游超云南"的说法。

然而，多年以来，贵州旅游开发起步较晚、旅游基础设施相对较差。然而，高铁的开通，为贵州旅游注入了新鲜活力。

近年来，贵州省除了召开全省旅游发展大会之外，各州市、各县（市、区）也召开旅发大会，打造"山地旅游公园省"，树立全民旅游意识，为发展旅游造势。从2015年开始，入黔游客将逐步实现"井喷式"增长，其中，来自广东、广西、湖南方向的游客最多。

日前，贵州省毕节市百里杜鹃风景名胜区爆出的优惠政策令人瞩目。该景区门票优惠、门票减免办法，由毕节市委、市政府以文件的形式做出具体规定，免票人群有现役军人、革命伤残、60岁以上的老年人，毕节市残疾人及盲人、重度残疾人陪护者、有监护人陪同的14周岁以下儿童（身高1.2米以下儿童免票，1.2—1.4米半票）、持有国家新闻出版广电总局颁发的记者证记者、持有导游证导游、市级以上摄影家协会会员、美术家协会会员、书法家协会会员、音乐家协会会员、作家协会会员，以及持有有效证件的市级以上主流媒体、网络媒体新闻记者。2017年，广东游客凭有效身份证件免票。另外，5至8级残疾人凭残疾证免半票；本科以下（含本科）在校学生凭本人学生证免半票；2017年，杭州、上海、宁波、苏州、青岛、大连等6个城市游客，皆可购买半价优惠票进入景区。

其实，为迎接高铁时代的到来，早在2014年5月23日，贵州省在广州举办"迎接贵广高铁时代——贵州珠三角旅游投资座谈会"，为促成一批旅游项目在第九届贵州省旅发大会上成功签约做预热，贵阳市、安顺市、黔南州、黔东南州主要负责人进行旅游推介。高铁开通后，贵州省的旅游交通基础设施进一步改善，贵州与珠三角地区的经济、旅游交往日益密切。广东与贵州的旅游资源互补性极强，广、深、珠以都市旅游、商务旅行为主；而贵州则拥有好山好水好风光，以及丰富多彩的民族文化。贵广高铁的开通，广州到贵阳只要4个小时，入黔时间成本大大降低，入黔游客将逐步增长。贵州省赴广州举办"迎接贵广高铁时代——贵州珠三角旅游投资座谈会"，促进了贵州与珠三角地区的旅游投资交流合作，进一步拉近了贵州与珠三角间的时空距离，旅游客源往来更加频繁广泛，让更多珠三角的市民、投资商、旅行商关注贵州、了解贵州、投资贵州，推动贵州与珠三角间旅游市场的良性互动，共同开创旅游投资合作发展新局面。

为迎接沪昆高铁贵阳至长沙段开通，贵州多家景区推出了多项优惠——贵阳南江大峡谷针对乘坐沪昆高铁来贵州的游客，凭本人身份证及三日内高铁车票前往景区，可享受观光、漂流门票8折优惠，景区住宿7折优惠。

安顺神龙洞景区针对乘坐沪昆高铁来贵州的游客，凭本人身份证及三日内高铁车票前往景区，可享受门票5折优惠。开通当日起，至8

月31日，对乘坐沪昆高铁来贵州的小学初高中学生，凭学生证、准考证和当天实名高铁车票，享受神龙洞景区免门票政策（仅限本人）。

梵净山佛教文化苑针对沪昆高铁沿线城市的散客，在2015年年内，游客1周内凭已购高铁票及本人身份证，可享受门票2.5折优惠（全价100元），即25元购票入园。

持沪昆高铁铜仁南站到站车票的游客，在下车时间三日内到思南石林景区享受门票5折优惠（针对国内所有乘高铁到铜仁南站下车的游客，包括贵州省内游客）。

沪昆高铁正式开通3日内，对乘坐沪昆高铁的所有游客，凭当天实名高铁车票和有效身份证明，5日有效期内享受万峰林、马岭河、双乳峰景区免门票政策；沪昆高铁开通当天到8月31日，对乘坐沪昆高铁来贵州的小学初高中学生，凭学生证、准考证和当天实名高铁车票，享受万峰林、马岭河、双乳峰景区免门票政策；沪昆高铁开通当天到8月31日，对乘坐沪昆高铁来贵州的所有游客，凭当天实名高铁车票和有效身份证明，在5日有效期内享受万峰林、马岭河、双乳峰门票挂牌五折优惠。

在2016年G20峰会期间，贵州

向江浙一带的游客抛出橄榄枝：贵州所有景区景点对从浙江到贵州旅游的游客全部免门票，航空、公路、铁路也做出许多让利政策。一下子，许多游客乘高铁涌入贵州。

2016年年底，为迎接沪昆高铁全线贯通，安顺全市的47个景区、酒店正在开展为期3个月的冬季旅游促销活动。不少景区推出免票政策，酒店也纷纷给出5折优惠。最吸引云南游客的政策莫过于，在2017年1月3日至2017年1月8日，黄果树和龙宫这两家5A级景区凭借身份证、护照等可享受黄果树、龙宫景区门票免票优惠（不含观光车）。凡乘坐高铁经沪昆高铁关岭站下站的游客在关岭县所有景区景点实行门票免票优惠，同时还将获赠酒店、餐饮代金券及土特产打折优惠。

各地推出的优惠政策，让贵州旅游赚得盆满钵溢。这些措施，非常值得云南借鉴。

按下高铁快进键
物流产业"飞"起来

◆撰文 郭春柏

高铁开通，对于在艰难发展中的物流产业而言，无疑是打了一剂"强心针"。➡

物流产业的艰辛之路

谈到云南物流产业，云南白鲨物流有限公司相关负责人李立认为，从全国区域版图来看，云南地理位置处于中国交通版图的西南末端；从物流流程来看，更多角色是承担了物流终端派送任务。但从整个物流流程的利润比例来看，终端派送的利润值相对较低，导致云南物流产业发展相对艰辛。从全省交通状况来看，滇西部分地区及滇南（普洱、西双版纳一线）铁路至今未到达，部分大件重货更多只能选择公路运输，加之云南公路运输成本高，导致物流产业发展速度相对滞后。

那么，目前云南物流产业现状是个什么样子呢？在李立看来，目前云南物流产业从业者"单打独斗"者居多，"抱团取暖"意识不强。物流产业总体上存在小、乱、差以及服务意识不强等现象。还缺少"区域霸主"之类的物流平台对线路、理念进行整合，最终导致物流企业之间相互抢货，低价位竞争，从而导致大多物流公司发展举步维艰，众多物流企业只能"保本硬撑"。加之，云南地处山区，通达条件较差，从而决定了物流产业定位在末端派送这一环节，越到县区及乡镇村寨，末端派送成本越是居高不下。和华东、华中等物流发达地区相比，由于派送成本趋高，导致始发站揽货数量偏低，因此大大影响了物流企业的收入，从而导致物流产业发展缓慢。

李立认为，云南以山区为主的地形条件决定在省内道路货运以公路为主，经昆明集散，往返全省的货物只有通过航空、铁路、公路等多形式联运才能有效到达全国各地。尽管昆明现代物流业近年来有了一定发展，但与周边省市相比仍然存在较大差距。其主要表现在：缺乏整体现代物流发展规划的指导，物流基础设施建设布局与运输节点缺乏有效衔接；低端物流服务竞争过度激烈，供应链管理等高端物流服务供应不足，公共物流基础设施建设发展滞后，物流信息化水平较低，先进物流设施设备运用较少，物流专业人才缺乏……

"十二五"期间，随着昆明市经济、社会的快速发展和对外开放步伐的不断加快，尽管面临较多艰辛，现代物流在总量规模、结构、质量、效益等方面还是取得了较好成绩。

存在较大发展空间

早在2015年，根据当年云南省国民经济和社会发展统计公报显示，当年全省货物运输总量为11.96亿吨，比上年增长3.3%；货物运输周转量1482.45亿吨公里，比上年增长5.3%。由此可见，物流产业存在较大发展空间。随着经济发展和结构调整，物流市场的专业细分化速度加快，物流服务需求多样化和个性化趋势明显。对此，李立分析认为，从供需结构来看，一般性的服务、传统的运输和仓储服务，在有些时候、部分地区供大于求；而专业化的服务、供应链一体化的服务、能够满足企业特殊需要的个性化的服务严重不足。从发展趋势来看，能够适应企业专业生产需要的专业化物流服务，适应精细化生产需要的精细化服务，将会大大获得发展空间。而缺乏专业特色、简单粗放的物流企业生存空间将会进一步被压缩。物流与商流、信息流、资金流相配套，物流与制造业、流通业、金融业等多业融合，供应链一体化服务需求将会快速增长。

那么，辐射云南全省的昆明物流产业有多大的发展空间呢？

对此，李立提供的一组预测数据显示：到2020年，昆明地区生产总值将达到4800亿元，年人均GDP将达到78379元，年社会消费品零售总额将达到2755.34亿元，外贸总额将达到221亿元。从以上预测数据可见，昆明市经济社会快速发展，必将为现代物流业的发展提供一个广阔的市场空间，对现代物流的潜在需求将不断扩大，为现代物流业的发展提出了更高要求。

李立分析认为，从1990年到2008年，昆明市年货运量变化趋势并不明显，除了铁路、航空运输呈持续增长外，公路运输具有较大的跳跃性。由于公路运输占较大比重，导致总的货运量出现较大波动。根据货运强度法、增长率法和灰色预测获得的结果，结合昆明国际陆港新建项目和研究组专家的经验分析，确定2020年昆明年货运预测值为32500万吨。考虑到交通基础设施建设的改善，以及运输工具技术水平的提高，平均运距有逐步增长的趋势，结合规划特征年货运量的预测，可以预测得到，到2020年，昆明货运周转量将达到55.9亿吨公里。发展现代物流，将成为昆明市提升功能、支撑国际陆港建设的主要力量，是昆明整合各类资源、建成国际区域物流枢纽的根本途径。

发展现代物流，昆明面临哪些新机遇呢？

分析人士认为，从区域地理"桥头堡"优势来看，从云南辐射到东南亚物流干线还有较大发展空间，特别是搭"一带一路"倡议的政策"顺风车"，将大有文章可做；其二，云南自身的资源优势凸显。鲜花、矿产、水果、蔬菜、中药材产品、木材制品等，为云南物流产业奠定了坚实的基础；尤其是沪昆高铁、云桂高铁开通后，部分如花卉、生鲜类食品、贵重药材等高价值货物可以借助高铁货运班列，快速直达华北、华东、华中、华南等发达区域。因此，多数全国性物流平台公司（快递如三通一达；快运如中铁物流、顺丰快递、天地华宇、德邦、远成物流等）都在想争夺云南这块物流相对滞后的"肥缺"进行整合重组。

值得一提的是，云南构建了以成昆、贵昆、南昆以及内昆等铁路干线，辅以通往省内外的主要公路

干线、金沙江及澜沧江—湄公河水运航线和多条航空线，沟通了云南与全国的联系；另一方面，以昆明为中心，以越南、老挝、缅甸为第一辐射圈，以周边国家以及中南半岛和马来西亚、新加坡为第二辐射圈，以东南亚国家为第三辐射圈，并一次加快对外通道和口岸建设。昆明作为滇中城市群的中心城市，是泛亚铁路的交汇点城市，为云南省的重要交通枢纽，是面向东南亚、南亚开放的"桥头堡"城市，昆明已经形成了较为完善的公路、铁路、水运和航空立体交通网络，其区位优势日益明显。沪昆高铁和云桂高铁的开通，更是给昆明带来了更好的发展机遇。

"试水"高铁物流

高铁开通之后，物流产业发生了哪些变化？

据公开报道显示，沪昆高铁、云桂高铁开通前夕，昆明铁路局和中铁快运昆明分公司就提前谋划，将充分发挥高铁优势，依托全国高铁网运输资源，为客户提供更多、更好的全程运送服务。随着铁路部门在全国高铁到达的所有城市试行高铁快运业务，中铁快运公司成为淘宝平台物流服务供应商，铁路快捷货运服务规模进一步扩大。

随着互联网的发展与普及，"网购大军"已遍及全国各地。电商的兴起带动了物流产业的发展，但也暴露出速递运力不足、发展不均衡的缺陷。每年的"双11"网购盛会过后，各个速递公司都面临着巨大的运输压力。货物"爆仓"、中转滞留的现象时有发生。由于云南地形复杂、交通不便，运输时间长、成本高，一些店家将云南列入了"不包邮"范围。用高铁运送快件，拓展了运输渠道，降低了运输成本，提升了运送速度，对云南物流产业和地方经济的发展都有极大的促进作用。为此，昆明铁路局与中铁快运昆明分公司借鉴铁路旅客运输黄金周的组织模式，依托铁路干线运输优势，加快与电商、快递企业合作，推出"客运行李车""电商班列""特需/点到点电商快运""云岭快运"等快捷货运产品，打造铁路"电商黄金周"运输服务品牌。2016年12月28日起，中铁快运公司昆明分公司依托高铁网络的服务优势，以高速度、高质量、高端产品和精细化服务，着力打造高铁快运市场优质品牌，为客户提供便捷、优质的服务。

国内第一家使用全货运专机的民营速递企业顺丰速递，虽然运送速度为广大货主所称道，但租用货机和客机腹仓的经费投入，大大增加了运输成本。用高投入换取高速度，运费自然不菲，最终为此买单的，依然是广大货主。与航空运输相比，以铁路线为依托的高铁快递成本较低。"渠道新、低运费"自然也成为高铁快递的一大亮点。

运送速度慢、时间较长一直是铁路运输的"硬伤"。高铁速递主营的国内动车网络快件,以动车专线为主干线,连接全国高铁、动车各站的快件传递网络,覆盖范围广,运送速度快,受不良天气的影响小。云南开通高铁之后,不仅为旅客出行带来了极大的便利,而且为铁路物流的迅速、通达创造了更加有利的条件。加之,云南气候条件优越,农产品丰富,高铁速递除了完成运进来的工作以外,还承担着送出去的任务。由于部分地区没有铁路网覆盖,因此必须做好铁路运输和公路运输的衔接工作。在发展高铁运输的同时,也需结合地方实际搞好公路运输,才能让云南物流"又好又快"。

沪昆高铁、云桂铁路及昆玉铁路开通后,我省高铁快运可办理城市将达 10 个,分别为昆明、嵩明、曲靖、富源、石林、弥勒、丘北、广南、富宁、玉溪。高铁快运具有时效快、品质优、标准高、全天候的特点,主要产品有当日达、次晨达、次日达、隔日达、特定达及经济快递、同城快递、车票快递等。

与此同时,昆明市、泸州市、昭通市签订了港口物流发展合作协议,全面深化港口物流和产业发展合作,共同培育铁(路)水(路)、公(路)水(路)联运,依托泛亚铁路网,打造联通长江经济带与南亚、东南亚的物流大通道。高铁的到来,将能够促进这样的多式联运通道更加优化资源配置,为打造长江经济带与南亚东南亚间的经济走廊创造新机遇。

专家指出,云南接上全国的高铁网络,将大大提升全省联动国内腹地的速度和水平。这将助力云南全面融入长江经济带建设,深化泛珠三角区域合作,有机衔接成渝、黔中经济区发展,完善沪滇对口帮扶合作机制,并在积极参与构建区域互动合作机制,加强通道连接、资本引进、市场对接,深度开展资本和产业合作,联合、借力国内腹地增强对外开放支撑等方面,插上强劲有力的翅膀。

打造高铁物流新高地

高铁作为新的一种运输方式,具有明显的成本优势。

据了解,目前,昆明铁路局规划建设了 37 个铁路物流中心,其中把王家营西建设成为全路一级物流中心,把王家营西、桃花村建设成"无水港";积极推动发展多式联运,联合省工信委大力开展保山、临沧等无轨地区公铁联运,组织开行了昆明—宜宾北、昆明—北部湾的铁水(海)联运班列。

曲靖地处滇黔川桂四省(区)结合部,交通优势十分明显,建设现代大物流基地有得天独厚的区位优势。为迎接高铁时代的到来,曲靖在物流设施上大做文章。据了解,曲靖市麒麟区政府与上海凯莱投资有限公司签订投资意向协议,计划投资 7 亿元,拟征地 600 亩,建设一个集物流、商流、信息流于一体的多功能、现代化的综合性城市物流配送中心,其服务领域集中于居民生活资料仓储、货运与配送,领跑现代物流。

文山州是我国著名的特产之乡,其中三七、辣椒、草果、八角、阳荷等产业成为农民增收的重要产业。高铁物流将带着这些特色农产品走出去。文山州依托高铁建设火车站物流园区,形成以商品贸易、旅游服务、物资集散等产业发展集聚区,对推动县域经济快速发展,促进文山州乃至滇东南经济搭上"泛珠"快车,尽快融入泛珠三角经济合作区,在更大范围和更高层次上构建对内对外开放新格局具有重要意义。

丘北火车站物流园区总投资 14.96 亿元,分三期建设,一期项目建设投资 5.07 亿元,资金缺口较大。广南、富宁火车站物流园区也在紧锣密鼓的建设。据了解,上述三县火车站物流园区建设单个项目总投资均高达 20 亿元以上。

据介绍,在农发行信贷支持下,三县火车站将建成货物仓储、包装仓储、冷藏保鲜、加工配送等功能设施齐全的现代化物流园区,以龙头企业为依托,将农副产品的种植、加工、仓储、运输和贸易的产业链完整组合起来。同时,物流园区可吸纳从业人员 3.3 万以上,将有力助推扶贫开发,加快当地贫困人口脱贫致富的步伐。

高铁带"信"来：
第四产业升至"云上云"

◆撰文 贾 磊

高铁时代来临，作为最有可能成为第四支柱产业的信息产业，目前处于一个怎样的发展态势，如何才能在未来取得新突破？

现状：信息产业迎来战略机遇期

"在省委、省政府高度重视下，随着顶层设计的完成，政策影响力的持续放大，全省信息产业正处在主动融入和服务国家发展战略的重要战略机遇期。"在此前举行的相关媒体发布会上，云南省工信委主任杨福生对我省的信息产业发展现状作了如是介绍和概括。

据介绍，随着信息产业布局不断优化，我省目前已初步构建起了特色突出、优势互补、错位发展的空间格局。昆明、红河、文山、保山、德宏、玉溪、曲靖等有条件的州市地区，已在部分传统特色优势产业基础上，进一步完善信息产业园区规划布局。全省已初步形成昆明市重点布局高新区软件和信息技术服务业、呈贡区新一代信息产业和经开区高端光电子产品制造业集群；红河、文山、玉溪等地也已分别构建外向型新型显示器制造业集群、智能终端制造集群和电子材料

及装备制造集群。

2015年8月，"马云+彩云"正式落地云南。作为中国最大的互联网企业，阿里巴巴具备在电子商务、互联网金融服务、云计算大数据等多元化互联网服务的能力，以及具备世界一流的电子生态系统的理念和技术。而在电子商务和互联网服务等方面，云南正处于起步阶段。"云上云"计划应运而生后，为双方的合作提供了巨大的潜力和空间。

目前，全省已实现光纤网覆盖省内所有州市县、乡镇，致力实现"全光网省"。推动"互联网+现代农业""互联网+农村电商""互联网+乡村旅游""互联网+智慧社区"等项目落地，实现资源的延伸及共享，全面改变教育、医疗、产业落后的现状，达成产业转型升级的目的。

留给人们印象深刻的是，上一届南博会期间，信息化和信息产业展馆赚足了眼球，得到较高关注。云南山澜图像传输科技有限公司的

远程医疗病理诊断系统、远程医疗医学影像诊断系统等；云南无影东创传媒有限公司的VR全景体验展示……从工业机器人到各种智能家电，再到先进信息技术，全省信息化建设和信息产业发展成果在这里得到了充分的展示。

10000平方米的展馆，惊艳亮相的产品是云南有史以来获得的覆盖最全、精度最高、数据量最大、应用最广泛的地理数据成果。全新虚拟世界体验的VR技术、未来感极强的3D打印、拥有多项技能的智能机器人……

不论是南博会上信息产业的大放异彩，还是一系列"互联网+"项目的落地实施，都是云南省"云上云"计划实施以来，全省信息化建设和信息化产业发展的结果，也是经济结构和产业结构向开放型、创新型和绿色化、信息化、高端化转型的成果展现。

正因如此，目前，云南正致力于实施"云上云"计划，着力打造

"一核、六群、一带"的产业发展新格局，力争至2020年，全省信息经济总体规模突破5000亿，信息产业主营业务收入超过1600亿。

研判：信息产业要成跨越发展新动力

"在全球经济持续低迷、国内经济增速放缓的情况下，作为低碳绿色、技术含量高、知识高度集中的第四产业，信息产业仍能稳中求进，并保持较快的增长速度，可以预见这个产业拥有的巨大潜能和强劲的发展势头。"省政协委员、九三学社社员、云南师范大学信息学院院长杨昆认为，信息产业对云南来说显得尤为重要。

在他看来，"十三五"时期，以信息经济、智能工业、网络社会、在线政府、数字生活为主要特征的高度信息化社会将引领我国迈入转型升级的新时代。面对新一轮信息化浪潮，云南如果继续缺席失语、错失发展良机，必将在全国新一轮区域竞争中被边缘化。

诚然，地处西南边陲，历经农业、工业、旅游业发展的探索之路后，生态环境遇到多种问题，行业发展遭遇瓶颈。结合当前云南正处于产业转型升级的关键阶段，基于对新一轮信息化发展趋势的准确把握，省委、省政府确立了优先发展信息产业的战略。

对此，业内人士普遍认为，作为一个新兴产业，信息产业能将信息转变为商品，它不但包括软件、数据库、各种无线通信服务和在线信息服务，还包括了传统的报纸、书刊、电影和音像产品的出版，而计算机和通信设备等的生产将不再包括在内，被划为制造业下的一个分支。通过"两化"深度融合，发挥传统产业的基础优势，以信息产业的发展驱动区域经济跨越发展，云南可以通过大力推进信息产业的发展积蓄力量，从而为转型升级打下坚实基础。

杨昆介绍，信息产业具有先导性、渗透性和倍增性，在推动经济跨越发展、转变发展方式、促进社会就业等方面发挥着重要作用。

据悉，目前正在推行的"云上云"行动计划，对加快信息化和信息产业发展，大力培育新一代信息技术产业，实施"互联网+"行动计划，建设面向南亚东南亚信息辐射中心，推动全省经济社会跨越发展等，都将起到积极的作用。

瓶颈：五大难题待破解

古人云："春江水暖鸭先知。"正是敏锐地捕捉到了高铁时代下的信息产业发展商机，以"云上云"计划为先导，浪潮、曙光、腾讯等国内信息产业引领企业纷至沓来，密集入滇，与云南签订战略合作协议，携手致力云南信息产业发展壮大。

但在业内人士眼里，云南打造信息产业还存在诸多瓶颈和待解的难题。作为经济欠发达地区，要实现这样的发展目标，任务可谓十分艰巨。"当前云南省信息产业发展正处在主动融入和服务国家发展战略的重要战略机遇期，也面临'不进则退'的压力与挑战。"杨福生说。

此间分析人士指出，目前，全国各省区市竞相大力推进信息化建设和信息产业发展，一些走在全国信息化发展前列、拥有一流技术和理念、具备较强经济实力的发达城市，如北京、上海、浙江、江苏、广东等，都是云南信息产业发展过程中需要面对的挑战。而与云南同属西部省区的省、区、市也在不断加快发展步伐，如贵州、重庆、宁夏、四川等。

"打铁还需自身硬，面对挑战，首先得认识自身不足。"杨昆等认为，目前，在信息产业领域，我省还存在着五个待解的难题。

一是信息化整体水平不高。数据表明，2014年全省信息化发展指数为54.92，排在全国第29位、西部第10位，低于全国66.65的平均水平。

二是电子信息产业不强。据国家统计局数据，2014年规模以上电子信息产业制造业主营业务收入，四川为3808亿元，重庆为2943亿元，广西为1182亿元，贵州为79亿元，云南仅为39亿元。2014年中国电子信息百强企业，云南没有一家入围。

三是基础设施相对落后。2014年，云南网络就绪度指数为50.55，全国排名第28位，西部排名第9位，低于全国60.94的平均水平，另外，光纤发展指数和宽带普及指数都低于全国平均水平。

四是区域发展不平衡。全省城市和城市之间，城乡之间差距很大，信息化鸿沟有扩大趋势。

五是信息化应用成效不理想。电信网、广播电视网、互联网"三网"融合进展慢，电子政务资源整合、信息共享等深层次问题仍然突出。

出路：借"云上云"计划实现新突破

在全球经济持续低迷、国内经济增速放缓的情况下，信息产业仍保持较快的增长速度，足见其强劲的发展势头。当前云南正处于产业转型升级的关键阶段，通过"两化"深度融合，发挥传统产业的基础优势，以信息产业的发展驱动区域经济跨越发展，云南正积蓄力量，筹谋一次华丽"变身"。

云南的客观现实是，地处西南边陲，在传统经济环境中处于信息末端、物流终端、市场远端。随着高铁时代的到来，以及沿边对外开放、国际通信枢纽及陆地国际光缆建设的加快，作为中国连接"两亚"，辐射南亚、东南亚，与中东、非洲、欧洲的通信枢纽、信息汇集，云南的作用和地位日益凸现。

面对"不进则退"的压力与挑战，以及高铁带来的新机遇，要想在国内信息产业的激烈竞争中力争上游，受访人士认为，云南信息产业的发展需立足当下，针对五个方面的瓶颈和难题，利用好"云上云"计划，推动信息产业发展实现新突破。

基于我省当下信息产业发展空间大、优势突出、产业布局正不断优化、"云上云"计划强有力助推的发展现状，以及高铁时代带来的新市场、新环境、新机遇、新挑战，省工信委曾就《云南省信息产业发展规划》在官方网站公开征求意见。《规划》中提出，经过5年左右的努力，基本构建"云上云"行动计划的信息产业支撑服务体系，培育形成一批创新型、外向型、智能化、高端化、绿色化的本省信息产业骨干龙头企业和特色产业集群。力争至2020年，全省信息经济总体规模突破5000亿，信息产业主营业务收入超过1600亿，年均增速17%。

制定这一目标的理由是，信息产业在制造强国建设中发挥着基础作用，物联网、云计算、大数据等新一代信息技术通过传统产业的智能化升级结合在一起，将会形成更加先进有效率的系统。

基于对新一轮信息化发展趋势的准确把握，云南省委、省政府确立了优先发展信息产业的战略。在广泛听取意见建议基础上，云南提出实施"云上云"行动计划的战略，出台以《云南省人民政府关于加快信息化和信息产业发展的指导意见》为核心，配套信息通信基础设施、云计算创新、"互联网+"、大数据行动、电子商务、电子政务等领域的8个文件，形成"1+8"政策体系。

以技术创新为驱动，全省信息

产业门类更加齐全，产业结构持续优化。杨福生认为，随着顶层设计的完成，政策影响力的持续放大，云南省信息产业进入到了一个新的发展时期。

在云南省委、省政府高度重视下，云南省与国内知名企业合作力度加大。2015年以来，云南省政府与阿里巴巴、华为、中兴、中国电信、中国移动、中国联通等19户国内外知名企业签署战略合作协议。随着一批合作项目陆续落地，为全省产业在资金、人才、技术等方面强化了要素支撑。

"未来华为将强化与云南的合作，全面促进云南行业信息化发展。"谈到华为企业业务未来在云南的战略发展方向和主要增长点时，华为昆明代表处代表曹伟表示，今后华为将进一步整合全球优质资源，合作组建"云上云"产业生态，共同推动云南省云计算与大数据产业发展，合力推进智慧城市建设，快速提升城市信息化水平，共同推动国家超级计算（云南）中心建设。

"云上云"计划中，作为重点推进的建设有：政务云、工业云、农业云、商务云、益民服务云、智慧城市云、区域信息服务云建设；教育、医疗、旅游、林业、交通物流等重点领域的行业云和大数据中心建设。力争成为支撑全国的行业大数据服务平台。

此外，与"云上云"计划相协调，《规划》中还明确了六个方面重点作为主要任务：实施"云上云"行动计划，打造国际通信枢纽和区域信息汇集中心，加快产业支撑体系建设，突出重点培育产业集群，提升研发创新能力和培育信息经济新业态。

昆明市呈贡区委原书记、昆明理工大学副校长周峰越在接受记者采访时说："一座城市的发展是一段艰难的历程，要遵循客观规律和科学规律，急不得也慢不得，每一个阶段都需要把它像孩子一样来看待，特别是在发展初期，需大量做一些打基础的工作，除了文化、教育、医疗等，还需要布局产业、招商引资等，只有这样才能够有序地健康发展。"

据悉，在信息产业起步阶段，云南正以"云上云"行动计划引领信息化和信息产业发展，决心在五个方面取得新突破。

第一，要建设下一代信息基础设施，构建基础服务平台，建设安全可控的网络与信息安全体系，在信息基础设施建设上取得新突破。

第二，要科学规划、完善政策，创新服务、创新招商模式，高起点打造一批电子信息产业集群，当前要集中力量，高水平规划建设呈贡信息产业园区，在电子信息产业发展上取得新突破。

第三，要充分利用信息技术加快经济转型升级、生产方式转变与商业模式创新，拓宽电子商务发展空间，丰富信息消费内容，积极拓展新兴信息服务业态，在扩大信息消费上取得新突破。

第四，要抓住国家实施"互联网+"和"中国制造2025"等战略的机遇，坚持全面融合、深度应用、拓展提升，促进信息化与工业化深度融合，与城镇化协同发展、与农业现代化广泛融合，提高公共服务和社会管理信息化水平，在信息化应用上取得新突破。

第五，要发挥好政府支持引导作用，发挥好市场在资源配置中的决定性作用，发挥好创新驱动作用，在信息化发展体制机制创新上取得新突破。

特色农业：
蓄势"借"轨出"深闺"

◆撰文　张莹莹

　　"好风凭借力，送我上青云。"高铁为向往云南的游客带来了快捷与方便，也为云南的高原特色农业走出"深闺"带来机遇，为盘活市场带来了契机。

　　随着沪昆高铁全线开通运营，伴随高铁而来的人流、物流、资金流、信息流等将为云南多个产业的发展带来勃勃生机，农业自然不例外。

云南农产品受青睐

　　高铁，已当之无愧成为撬动经济发展的新引擎。那些藏在深山人未识的农产品也将搭上高铁快车，驶上发展快车道。

　　"高原特色现代农业是云南的特色产业。"省委领导提出，云南要把市场需求作为导航灯，在"特色"上做文章、在"优质"上下功夫，因地制宜念好"山字经"、唱好"林草戏"、打好"果蔬牌"。

　　省政府办公厅印发的关于云南省高原特色现代农业产业发展规划（2016—2020年）明确，我省将加快推进生猪、牛羊、蔬菜、中药材、茶叶、花卉、核桃、水果、咖啡、食用菌十大重点产业发展，到2020年，十大重点产业综合产值达8100亿元，全省农村一二三产业综合产值达10000亿元以上。

　　致公党云南省委委员、省农业科学院农业科技干部进修学院院长丁仁展介绍，国外和北上广等地消费者对云南果蔬有着"天然"的信赖和喜爱，高铁的开通对云南的农产品来说是一个"走出去"的好机会。

　　来自保山施甸县以香菇种植为主的云南大本事农业科技发展公司董事长助理钏有黎在接受媒体采访时表示："高铁、航空对宣传推广和销售产品具有独特的优势。"在脱贫攻坚行动中，他们带动了1000多户建档贫困户种植香菇，但是面临着销路困难的难题，如果产品能够成为高铁上营销的商品，对于带动农户致富是大有帮助的。

做活高铁新文章

　　采访中一位斗南的花农告诉记者："3月份在斗南18元可以买20支最新鲜的玫瑰，但到了北京20元才能买到一支，要保证花卉新鲜只能空运，中间的物流成本实在太高了，直接限制了市场规模。"这样的例子在我省多个产业中普遍存在，直接反映出交通条件对相关产业发展的制约作用。

　　云南特殊的地理位置，得天独厚的气候条件，特别有利于发展高原特色农业，而制约现代农业产业化发展的一大因素正是交通的迟滞。食用野生菌、新鲜水果、食用鲜花、观赏花卉等农业产品，新鲜的时候身价不菲，超过时限，价值便难以体现。

高铁意味着速度，高速铁路开通，拥有了高效快速的大运力，位移的成本降低、时间缩短，且能实现终端消费市场与产品生产源头的高效对接，这无疑可以促进高原特色优质农产品走出去的步伐。

随着南昆客专建成通车，广南与昆明、南宁等城市的时空距离被拉近，广南将逐步成为国家"一带一路"倡议和云南面向南亚东南亚辐射中心的重要支点，也为全县重点打造文化旅游、农特产品加工、商贸物流等产业提供更好的历史机遇。

目前，广南已着手建设火车站物流园区，将会引进一批具有引领性、产业链长、带动性强的产业项目形成渐进式产业发展积累。目前正加快构建公共信息、技术共享、产品检测等服务平台的建设。力争将广南农特产品加工和商贸物流园区培育成为省级工业园区。

沪昆高速铁路（沪昆客运专线）是国家《中长期铁路网规划》中"四纵四横"的快速客运通道之一，曲靖段全长115.7千米，设曲靖北站、富源北站两个站点，途经富源县、沾益区、麒麟区、曲靖经济技术开发区、马龙县等5个县市区。

依托高铁，曲靖市抢抓机遇，着力推进高原特色农业和生物资源加工、有色金属深加工和液态金属、军民融合现代装备制造、精细化工、现代商贸物流、文化旅游和高原体育六大重点产业发展。

记者了解到，曲靖市在发展高原特色农业中，将以推进产业深度融合为目标，以调结构、转方式、一二三产业协同发展为主线，以特色农业为基础，以龙头企业为依托，以先进技术为支撑，以创新营销模式为手段，拓展完善生物资源加工产业链，实行区域化布局，规模化种植，专业化生产，多样化销售，实现产业互动对接，资源优势整合互补。

昆明斗南花卉市场是中国乃至亚洲最大的鲜切花交易市场，销售份额占全国市场的70%以上，每天有近700吨鲜花需要从昆明发往全国各地。"高铁开通后，便捷的物流将为云南花卉产业创造更大的发展空间。"云南斗南花卉产业集团总裁助理毛海鹏说。高铁的开通，不仅降低了物流成本，人流信息流的汇集更将带动产业的优化升级。

记者从昆明铁路局获悉，除了高铁，云南也在加速建设覆盖范围更广的"铁路网"。"向北，开行中欧班列，比海运节省了2/3的时间；向南，有中越国际铁路通道昆玉河铁路和滇越米轨铁路；向东，开行铁海联运列车，利用'水上穿梭巴士'的运输方式，实现铁路与广州、深圳的港群航线无缝链接。"昆明市铁路局局长刘柏盛说。

昆明铁路局利用多

个铁路物流中心，推行公路、铁路、水路联运，开行零散货物快运列车，方便零散、小批量的农副产品运输，降低了物流成本，极大带动了沿线民族地区脱贫致富。

紧抓高铁新机遇

紧抓高铁机遇的呈贡区提出了高铁经济带规划建设的思路，按照核心带动、轴线拓展、商圈聚集、板块承载的思路，加快构建高铁经济新业态、大力发展大数据信息产业、

省政协委员、云南白药集团健康产品事业部研发总监高鹰
期待大交通助推大健康
◆撰文　贾　磊

云南一直拥有着得天独厚的地理优势、气候优势、自然优势、多民族文化优势，民族民间医药优势，利用好云南的这些优势，积极建立和大力发展与大健康产业有关的新型产业，如休闲养生、旅游养生、医疗养老、民族医学对特殊疾病治疗的专业化医疗产业等，将是呈现在全省人民面前千载难逢的大好机遇。

丰富的人生阅历

许多人因为牙龈出血而用上了云南白药集团公司生产的云南白药牙膏，但大多数人不知道，这个牙膏与高鹰有着密切的关系。

从高鹰的履历来看，作为云南白药集团健康产品事业部研发总监、高级工程师。2002年以来，高鹰一直负责公司健康产品的研究与开发工作，先后研发出云南白药牙膏在内的系列名牌产品。

1982年，高鹰从华西医科大学药学专业本科毕业后，被分配到了云南白药厂工作。1995年她又到了日本三重大学留学，2000年毕业获得了生物工程、生物技术硕士学位，并就职于日本伊藤食品株式会社。2002年6月，她回到云南，就一直在云南白药集团工作至今。

从上述经历可以看出，高鹰对公司的情况很熟悉。回国后，公司领导将公司健康产品的研发工作交给她负责，并给予其大力的支持。

多年的国外学习生活，高鹰打下了良好的外语基础，因此她能及时准确地了解各专业领域国外的发展动态和现状，从而提出有市场价值的研究方向。加之她有多领域（新药研发、保健食品、健康日用品；药物分析、药理学、植物化学、药剂学、日用化学品）的工作经历，提升了她研发工作的能力。对在研发产品过程中遇到的问题，她总能及时采取有效的措施加以解决，使研究工作得以顺利进行。

在之后的十余年中，高鹰先后负责开发了余甘子润喉糖、保健食品高原维能口服液、保健食品芪参葛牛磺酸颗粒、云南白药牙膏系列产品、金口健牙膏系列产品、千草堂沐浴素系列产品、防晒霜及其他个人护理品（化妆品）等系列产品。

新产品的研发需要经验的积累和大量的实践。因此，高鹰常要求团队要刻苦钻研技术，在实践中不断磨炼和积累经验。在云南白药牙膏的研发过程中，为能很好地体现云南白药的功效，使其在口腔中更好地发挥作用，她带领技术人员反复进行动物实验，验证其添加成分的实际效果。经过大量的基础研究，他们终于筛选出了最有效的组成配比，给云南白药牙膏注入了核心竞争力。

在云南白药朗健牙膏的研发过程中，也曾遇到过很大的难题，为了保证产品的有效性，她首先选择了40名抽烟人员进行有效性的筛选。虽然有效成分被确定下来，但因为配方中加入的离子性成分较多，刚开始做出来的牙膏就像豆腐渣，如何使牙膏膏体达到光泽、细腻、均匀的效果？她又经过了200多次的反复试验，最终找到了理想的解决方案。朗健牙膏上市当年就创下了5000多万元的销售业绩。

在高鹰的领衔主持下，公司自主研发出的云南白药牙膏，于2005年在全国推广销售。从2005年上市的第一款留兰香型牙膏，到现在已发展成了两个品牌（云南白药牙膏、金口健牙膏）8个系列30多个规格的系列产品。产品市场占有率也从2005年的约0.1%提升到了现在的16%。产品年销售额从0.3万元飙升到50亿元，市场销售额排名全国第二、民族品牌第一。

2009年，高鹰获中国口腔清洁护理用品协会评选的口腔行业先进工作者称号；2010年获得省政府特殊津贴；2011年被评为全国各民主党派、工商联、无党派人士为全面建设小康社会做贡献先进个人；2012年被评为中国轻工业联合会"十一五"科技创新先进个人；2014年高鹰获中华国际科学交流基金会授予的"全国工程科技领域突出贡献者""杰出工程师鼓励奖"。

在回国15年的时间里，高鹰带领她的团队，成功研究开发了8个系列不同类型的牙膏，获得了国家药监局2个新保健食品批准证书。现在，她正带领着团队朝着更高的目标、更新的领域不断奋进。

为民生鼓与呼

高鹰虽然从事的是医药科学领域的研究，但身为省政协委员，她总对民生问题鼓与呼。

在这些民生建言中，人们印象比较深刻的有两件事，一件是她曾在2016年的省两会上建言，昆明南收费站"退"出马金铺外，政府应适当补贴开发公司。

针对鸣泉村收费站日趋拥堵的交通现状，高鹰说："近6年来，随着昆明市行政中心、各大学、企事业单位及高新区、经开区企业相继搬迁至呈贡新区后，使从鸣泉村至三岔口路段成为昆玉高速上的'大血栓'。每天上下班高峰期时，该路段各收费站均严重拥堵，使昆明—滇南大动脉几乎丧失功能。"

"原来从鸣泉村至三岔口，20公里的路最多需要20分钟，现在往往需要45-60分钟，拥堵严重的时候还需要更长的时间，让通过这一路段的人们苦不堪言。"高鹰说，最近一年多来，随着东绕城的通车，整个鸣泉村收费站几乎变成了停车收费站，车辆进入鸣泉村后大约两公里，就基本走不动了。

高鹰认为，收费站造成拥堵，不仅让行驶在该路段的民众常常要付出正常条件下两三倍的时间成本，而且堵在道路上的车辆需要燃烧大量的燃油，不仅增加企业、市民的成本，还带来了环境污染等。因此她建议，将昆玉高速呈贡段收费站搬迁至马金铺以外，彻底解决拥堵难题。政府、企业、单位可适当对云南昆玉高速公路开发有限公司因撤销该路段收费所造成的损失进行补偿。

让高鹰感到高兴的是，在其他政

协委员的合力呼吁下，鸣泉村收费站外迁有了明确的时间表，为此多年给予呼吁和建言的委员们发自内心地感到高兴。

另一件事情是，自担任省政协委员以来，高鹰年年都在提垃圾分类。在她看来，昆明市目前共建成了12个大型的垃圾处理场，并预计建设6个垃圾焚烧发电厂。但如何让生活垃圾在被焚烧、填埋前，合理分类收集，真正实现垃圾的减量化、再资源化和无害化管理，尤为重要。

高鹰建议，应合理进行生活垃圾分类收集。在垃圾丢弃之前就进行很好的分类，由垃圾处理部门规定在不同时间，居民可以在小区垃圾放置处丢弃不同类型的垃圾，运送部门再集中收集、运送至再利用或焚烧、填埋处理场。

高鹰还建议，通过政府、社区、单位、学校等各种渠道，让城市居民提高对城市生活垃圾分类收集重要性的认识，特别是在小学教育阶段，通过不同的教育方式，让这样的理念深入学生的脑海。

要求居民分类收集垃圾，使用云南省统一制作生产且可回收的透明垃圾袋进行分装（以便观察内容物），垃圾袋上可用不同颜色的文字标明是何类垃圾，以便做到定期分类收集、分类运送、分类处理利用。

"虽然开始难度很大，但只要持之以恒坚持下去，就一定会得到好的效果，大家的家园必须靠大家来维护。"高鹰说，这方面日本做得比较好，值得中国学习和借鉴。

借高铁助推大健康产业

"21世纪健康产业已经成为全球热点，健康产业也将成为继IT互联网产业之后的全球财富集中产业。随着我国居民收入水平不断提高，消费结构升级不断加快，人们对生活质量的要求日益提高，健康产业面临着广阔的发展前景。"高鹰认为，云南省地处边疆，过去因为交通信息不发达，使得云南省的经济发展和生活水平一直落后于中部地区和沿海地区。高铁时代的到来，为云南省的经济发展带来了核动力，随着高铁在云南的逐步落地，使得省内的边远城市与中部及沿海城市的同城效应得到充分体现，铁路沿线将形成走廊产业经济带，物资交流、人员交流打破了原有的不利局面，变得高速、高质而便捷。

在高鹰看来，云南一直拥有着得天独厚的地理优势、气候优势、自然优势、多民族文化优势、民族民间医药优势，利用好云南的这些优势，积极建立和大力发展与大健康产业有关的新型产业，如休闲养生、旅游养生、医疗养老、民族医学对特殊疾病治疗的专业化医疗产业等，这些产业的起步与发展将是呈现在全省人民面前千载难逢的大好机遇。

省政协委员、云南国际博览事务局展览业务处副处长王亚妮

让会展与旅游相伴而行

◆撰文　张文明

高铁时代的到来，使云南连接内地和南亚东南亚的枢纽和对外开放的前沿区位和辐射中心的区位更加突显出来，必然会给会展业带来腾飞的机遇。能否抓住历史机遇，就看我们自己了。如能抓住机遇，站在面向南亚东南亚辐射中心的关键节点上，依靠自身的特色、资源优势、区位优势，打造系列品牌展会，吸引更多客商参展参会，吸引更多国内大型展会项目落户云南，吸引更多的游客借参加或参观会展活动之机来云南旅游，是完全可以实现的。

会展业将会发生三个变化

"乍一看，高铁与会展业没有直接的联系，其实，高铁与会展业之间有必然的联系。高铁的开通必将会对会展业的发展起到很大的推动作用。"王亚妮说。

她分析的原因和理由很直接、很明白。

首先，高铁的开通必将吸引更多的国内外各界人士前来参加云南的各种会议和展览，因为交通比以前便捷了。

其次，高铁的开通必将吸引更多国内外大型会议和展览来云南举办，因为参展物资运输成本、时间成本、交通成本都降低了。

第三，高铁的开通必将使云南的会展人气更旺，更多的游客在会展期间来云南旅游，云南的区位优势更加凸显出来了。人们既可以参观会展，又可以借助四通八达的交通，遍游云南美景。

有人说，会展业是"城市建设的助推剂"和"城市发展的引擎"。因为会展业的发展往往会触动一座城市、一个地区现代服务业的神经，会展业的高度发展，必定会带动旅游、传媒、物流、金融、信息等现代服务业的突飞猛进的发展。王亚妮认为，这是因为会展业与其他行业具有广泛的关联性，对其他行业有很强的带动力。

她说，高铁时代的到来，使云南连接内地和南亚东南亚的枢纽和对外开放的前沿区位和辐射中心的区位更加突显出来，必然会给会展业带来腾飞的机遇。能否抓住历史机遇，就看我们自己了。如能抓住机遇，站在面向南亚东南亚辐射中心的关键节点上，依靠自身的特色、资源优势、区位优势，打造系列品牌展会，吸引更多客商参展参会，吸引更多国内大型展会项目落户云南，吸引更多的游客借参加或参观会展活动之机来云南旅游，是完全可以实现的。

会展业与旅游业有天然的关联

2016年7月，中国会议产业大会（云南）夏季峰会在昆明举办，其中有一项活动是云南会奖旅游发展研讨会。

国际上，对旅游业的一种分类法，是把会展及奖励旅游分在一块，包括会议、奖励旅游和展览。对这一类旅游，国内旅游界一般理解为"会奖旅游"或者"会展旅游"。

王亚妮说，这就是举办云南会奖旅游发展研讨会的依据。这里的"会奖"包括会议和展览。

有一点很明显，那就是奖励旅游和参加会议、展览人员的接待服务一直都是传统旅游业的范畴。无论是举办会议还是展览，酒店会议场所的收入、展览场馆的收入、交通民航的收入以及为展会人员提供吃住娱等服务的收入等都属于旅游业收入。

也就是说，会展活动在很多方面是在为旅游业效力，或者说会展活动的一部分就是旅游活动。

王亚妮认为，很多时候，人们仅仅将参加会议和展览人员的会后观光游览看成是旅游业的一部分，而没有意识到会展活动过程中的旅游成分。事实上，很多时候会展业与旅游业是融合在一起的。因此，会展业本身，特别是其组织、接待服务等方面实际上在为旅游业做事。

2016年9月发布的《云南省会展产业"十三五"发展规划纲要》提出，力争到2020年，把我省建设成为在国内有更大影响力、在国际有更高认知度的重要会展举办地，将昆明建设成为面向"两亚"的会展之城，将滇中地区建设成西部会展产业集聚区，将云南建设成会展产业强省。其中也明确，要重点培育和发展"一大核心会展、十二大专业会展、十大边交会"和"一批特色产品展、一批节庆展演展示及会奖旅游"。围绕省会昆明，打造大理、丽江、景洪、腾冲四个会奖旅游重点区域，把文山、腾冲、瑞丽、麒麟区、蒙自作为五个会奖旅游支撑目的地来发展。

这里已经把会奖旅游列入会展业发展的规划中，说明会奖旅游已经引起云南各级政府、行业主管部门以及相关企业的重视。云南是中国会议产业大会评选出的中国最佳国际会奖旅游目的地之一。在中国会议产业大会（云南）夏季峰会上，云南省旅游发展委表示，将把发展会奖旅游作为云南旅游转型升级、提升发展空间和品质的一个重要抓手和有效途径，全力提升云南会奖旅游的发展质量和水平，力争把云南打造成国内一流、国际著名的会奖旅游目的地。

然而，王亚妮却认为，目前总体来讲，旅游业界对会展业的认识还比较薄弱，对会展业促进旅游业发展的研究还不够。还需要政府部门的推动，需要进一步发挥会展业的作用，带动旅游业，实现旅游业和会展业融合发展，让会展活动带动旅游相关产业的快速发展。

"不论是会展品牌还是旅游品牌，只要形成知名品牌，都会彼此给对方带来强烈的互动效应，而且随着品牌影响力的提升，互动效应也会得到提升。"王亚妮说，这需要政府部门组织专家和旅游企业深入研究，旅游企业要充分认识会展对旅游业的推动作用，借力会展业发展旅游业。

让会展业与旅游业融合发展

在现代服务业中，会展业和旅游业都具有很强的行业带动力，会展业和旅游业的融合发展，能同时发挥两个产业各自的优势，全面带动以旅游业为主的交通、住宿、餐饮、商业、金融和文化艺术等第三产业的发展。

因此，王亚妮提出，一方面，办各种会展时要考虑如何让旅游企业跟进来；另一方面，要让旅游企业凭借自己的接待条件和品牌效应，主动承接或举办一些会展活动。

王亚妮认为，会展业有促进旅游发展的作用，在'99昆明世界园艺博览会时候就已经十分明显，世界园艺博览会期间和之后一段时间，是云南旅游发展最快的时期。目前存在的问题是，旅游企业还对会展业旅游业的作用没有足够认识，政府有关部门对会展业带动旅游业的认识还不够。旅游部门和旅游企业还很少有利用旅游品牌办会展的意识。而会展管理部门也只是一门心思办会展，并没有研究如何利用会展品牌，利用会展活动优势促进和推动旅游业发展。

王亚妮说，会展业是世界上一个非常巨大的产业，但会展业还是一个新兴产业，国内对会展业的研究还很不够，特别是如何发挥会展业的作用带动旅游业发展还有很多问题值得深入研究。

南博会、昆交会、旅交会、国际农业博览会、国际花卉展等一批知名展会，为云南会展业的发展奠定了坚实的基础和发展空间，并且或直接或间接已经在对云南旅游业的发展起着推动作用。而大理、丽江、西双版纳等众多知名著名旅游品牌对会展的吸引力还没有充分发挥出来。

王亚妮说，目前，我国已经初步形成了以上海、北京、广州等大城市为核心的国际会展中心。我们云南与这些大城市相比，还存在一些差距。但云南作为中国面向南亚东南亚的前沿，具有沟通太平洋、印度洋，连接中国、南亚、东南亚"三大市场"的独特区位优势。南博会等重要会展一届比一届成熟，一年比一年影响力大，一年比一年精彩，必定会带动旅游业的快速发展。她建议政府更加重视会展业对旅游业的带动作用，更加重视旅游品牌对会展业的吸引力，在产业规划、行业管理、基础设施建设、城市整体宣传等方面发挥宏观调控和行业指导作用，推动会展业和旅游业的深度融合发展。

省政协常委、省总商会副会长、高深（集团）有限公司董事长王珍全

让云南实体经济搭上"高铁速度"

◆撰文 贾 磊

不管橡胶还是养老，在高铁到来后，对这两个产业都会有有力的推动和有益的补充，因为高铁的便利和舒适度，不仅可以更好更快地将企业产品销售到世界各地，也会把世界各地的老人带到云南来，让他们来了就能留下来，留下来就再也不想走，一个大健康产业的雏形也就在高铁的推动下迅速成长起来了。

为什么要选择养老产业

说起自己的经历，王珍全自认还是有一段非常丰富的人生轨迹。1992年，当南方谈话刮起深化改革之风的时候，他只是厦门华和公司的一名业务员。之后，由于改革开放步伐加快，地处边陲的云南迎来了新的发展时期。王珍全也就在这个时候踏上了云南的土地，从1993年到1998年，一直在云南省从事外贸业务。随着对云南外贸事业的熟悉，王珍全在1999年辞职下海，做起了自己的外贸业务。辞职后的1999年到2001年，王珍全投资设立了河口恒顺有限公司并担任总经理；2001年到2004年，又投资设立了云南冠诚化工有限公司并担任董事长。随着事业的发展，到2004年，他投资设立了高深（集团）有限公司并担任董事长，直到今天。

"21世纪人类面临严重营养饮食失衡，却人人希望更健康、抗老化。预防胜于治疗。而开启健康产业的兆亿商机，这是继第四波网络革命后的朝阳产业。"王珍全一直在研究和思考，最终，美国经济学家保罗·皮尔泽在著作《财富第五波》中的论述，启发了他的思维和灵感。

随着老龄人口的增加和养老方式的变化，养生养老度假旅游成为越来越多老年人的选择。这也意味着伴随着居民收入提高和人口老龄化日益严重，养生养老将是一个巨大的市场，并且将长期存在。而云南省地处云贵高原，其绚丽多姿的自然风光、丰富多彩的民族文化、高原低纬度的多样性气候、多样化的动植物资源、良好的生态环境、空气质量优良的天然氧吧等，具有发展养生养老度假旅游产业的突出优势。王珍全认为，这也是为什么中国提出了大力打造休闲大健康产业的考虑和布局。王珍全积极关注的结果，就是明白了这样一个道理，他认为，经济学家将健康

产业称为继第四波网络革命后的明日之星，而通过一组数据对比则更激发了对中国未来健康产业市场的无限期望。数据显示：美国每年在健康领域的花费已占其年GDP的15%，加拿大、日本约占10%，而拥有13亿人口、处于健康与财富交叉点的中国，目前只占5%—6%。

新晋首富马云也坦言："下一个能超过我的人，一定出现在健康产业里。"

然而，几乎所有人都看到了这样一个事实，在整个健康产业的大好机遇面前，人口老龄化的来临已先将养老的难题抛来。我国仅在2013年，老年人口就达到了2.02亿，占总人口的14.8%，规模超过欧洲老年人口总和，成为世界上唯一老年人口超过1亿的国家。据预测，2014年中国老年人口将超过2.1亿，2025年将达到3亿，2042年老年人口比例将超过30%。

问题在于，养老产业在欧美各国已经具有比较成熟发展模式的时候，我国的养老产业却还是一片尚待开发的处女地。

"商机已然显现。"王珍全说，放眼全国，从医疗到地产再到金融等领域的重量级企业已经先后尝试布局养老，从最基本的社区养老中心到养老地产再到养老基金管理、资本运营等的商业形态层出不穷，都试图在养老的大蛋糕中分得一杯羹。"但现实是，资本败走养老产业的情况也不在少数。在人口老龄化不断加剧之时，如何实现让老者有所养、老者有所乐呢？眼下，整个行业都还处于上下而求索的阶段。"

一生只做两件事

相比托起事业腾飞的橡胶，养老产业更像是王珍全的二次创业，他将自己所涉足的养老产业戏称为"在梯子中间的创业"。而相比橡胶产业，发展养老产业前景大好的同时，面临的挑战与难度也不可同日而语。

"资本败走养老的关键在于没有摸索出盈利模式，算不过账来！"从橡胶巨头跨界投身养老产业11年，王珍全已然对这个行业的发展做出了冷静的思考，他有着自己清晰的判断。

坐拥民营橡胶龙头企业的王珍全，在这个领域有着稳固不可动摇的地位，但在他事业蒸蒸日上的时候，他却转身选择了一生中要做的另一件事——养老。"我这一生只做两件事，一件是橡胶，一件是养老。"王珍全说。

在许多人眼里，"橡胶"和"养老"本是两个风马牛不相及的领域，可王珍全却巧妙地将它们联系在了一起，一手捏合两个产业。"一个是羊毛出在羊身上，一个则是羊毛出在牛身上。"这风趣形象的比喻背后，道出了王珍全前后两个产业的最大不同。

一头橡胶，一头养老；一个是实体，一个是服务；可以直接靠卖橡胶赚钱，养老却不能直接带来收益。

"养老囊括养老、管理、金融、互联网、教育、地产等领域，涉及面广，作为混合型的新型业态，行业需要整合才能获利，其本身赚不到钱了，需要从中寻找最佳的盈利模式。"王珍全一提到养老产业的发展，就这般娓娓道来。而相比让他名利双收的橡胶产业，在不同之中，也有着共同的价值内核，那就

是做好事业为先。

就如同当年投身橡胶产业一样，做养老赚钱并不是王珍全的初衷，而做一项对社会有意义的事业才是他的目的。

眼下老"无"所养，是举国上下的一个严峻问题，而社会保障体制也无办法全面顾及庞大老年群体的养老问题，只有越来越多的企业家关注养老，投资养老，才能够最大程度地从根本上解决养老难的问题。

考虑到种种老年问题，王珍全曾想过捐钱，但捐钱又只是暂时的，"只能解决一时，解决不了一世。"授人以鱼，不如授人以渔。如何长期地帮助这些老人，解决养老问题，才是长远之策，经过多方考察，他最终毅然投身养老产业。

2007年，王珍全专门成立了庚泉投资集团有限公司，作为专门致力于发展全国性养老产业的综合性集团公司，如今各项事业早已走上正轨，养老公寓建设已基本成形，养老专业培训学校已为社会培育了大批专业的养老人才，康复医院也正在筹备当中。

对王珍全来说，不管橡胶还是养老，在高铁到来后，对这两个产业都会有有力的推动和有益的补充，因为高铁的便利和舒适度，不仅可以更好更快地将企业产品销售到世界各地，也会把世界各地的老人带到云南来，让他们来了就能留下来，留下来就再也不想走，一个大健康产业的雏形也就在高铁的推动下迅速成长起来了。

让高铁助推实体经济大发展

"目前实体经济遇到了前所未有的困难和发展瓶颈，如何突破，考量着每一个身处其中的企业家。"王珍全认为，在高铁时代来临后，很多民营企业其实面临着许多机遇，关键看如何把握。

具体到云南而言，王珍全认为，过去通常认为，我省民营企业发展一直低于全国水平，与东部沿海的差距更大，总体上存在着企业弱小，实力不强，增长方式普遍滞后，可持续发展面临严峻考验等问题。针对这些问题，王珍全在省两会上曾提交了一件《加快发展云南省民营经济三点建议的提案》。

提案建议政府要出台政策引导资源要素向着社会需要但又处于弱势的区域、行业和群体流动，以弥补市场调节的缺陷。同时要对现有的政策进行清理、调整和完善，以更好地发挥政策导向和调控作用，为我省民营经济发展营造更好的政策环境。要做强民营大企业、大集团，由大变强，由强变大，发挥龙头带动作用。并且按照"企业树"的理论，大企业是主干，中小企业是枝叶，主干和枝叶互相依存，搞活中小企业，形成布局合理、功能完善、相互配套的企业集群。

提案还建议大力发展混合型经济，遵循市场经济的规律，充分发挥市场在资源配置中的决定性作用，在此基础上，合理进行行政干预；要根据资源禀赋、市场需求和地方特点实现社会分工和产业布局的优化，从根本上防止重复投资，推进民营经济向高质高效、科学化、集约化方向发展；民营经济要在发展混合型经济中发挥积极作用，特别是在产业整合、市场开拓等方面应做出积极贡献；要发展混合型经济，政策法规性很强，应借鉴省外的成功经验，尽快制定我省的办法措施，完善法律法规，试点先行、逐步展开、全面推进。

"当然，这些指施实施的同时，更希望全省民企借高铁更快速地融入中心市场和更前沿的平台。"在王珍全看来，高铁机遇藏在每一个角落，就看如何捕捉并加以利用，推动民企获得大发展，与高铁一道奔向美好的明天。

省政协常委、云南农业大学规划发展处处长张乃明

在游览生态中保护生态

◆撰文　张文明

交通路网布局应与生态旅游资源分布相匹配。这是人所共知的，而云南的交通基础设施建设落后也是不得不承认的"酸楚"。于是有的景区景点就出现了"旅的时间长 游的时间短"的情况。"我的观点是，高铁站点与附近的旅游景区之间要有高速公路连接，景区与景区之间都应有高速公路相连，景区内景点之间应至少有四级以上公路。这样才能改变'旅的时间长，游的时间短'的状况。"

生态旅游
体验自然、崇尚自然、关爱自然

张乃明主持国家和省级重大科技项目20多项，获得省部级科技奖励18项，是云南省有突出贡献的优秀专业技术人才奖获得者。他多次到澳大利亚、意大利、德国、美国、英国等发达国家做访问学者或开展学术交流。

他从国际视野开始说"生态旅游"的定义。他说，生态旅游是20世纪80年代初国际自然保护联盟提出的一个概念，到目前可以查到的有关生态旅游的定义已多达上百种。不同的国家、不同的组织机构、不同的学者从不同角度对生态旅游做出不同的定义。

顾名思义，直白地说生态旅游就是到生态环境优良优美的地方去旅游，是人们追求回归自然，观景、怡情、养生、度假的旅游方式。应该说，这样的解释也没有什么不对，但张乃明没有直接对它下定义，而是从另一个角度表明自己的观点。他说，生态旅游是一种关爱自然、崇尚自然、体验自然的旅游产品，在国际上属于深度体验型的旅游方式。

他认为，生态旅游的内涵更强调的是对自然景观的保护，不仅是指欣赏景色，更是一种行为和思维方式，即保护性的旅游。以旅游促进生态保护，以生态保护促进旅游。是一种有责任的旅游行为，不干扰自然的旅游行为。

他说，生态旅游的对象是自然生态及与之共生的人文生态。不局限于自然生态系统，还包括自然区域中具有地域特色的人文生态系统。如今，业界已普遍认识到生态旅游是一种在保护生态旅游资源的前提下，既可以带来与其他旅游一样的经济收入，也可以促进可持续发展的健康的旅游发展方式。因而，这一旅游方式已经为越来越多的人所向往，在世界各国迅猛发展起来。

高铁能够带来旅游的便利
但覆盖面有限

云南发展生态旅游具备了很多优越的条件，也有较好的基础，但仍存在一些困难与问题。就此，张乃明谈到5个方面。他认为，首先是交通基础设施仍然比较薄弱，其次是生态环境较脆弱，第三是市场有待进一步规范，第四是精品意识不强，第五是人才不足。

云南的地形以高原山地为主，生态旅游资源在空间上的分布较分散，大部分生态旅游景区位于人口稀少、较为偏远的地区，距离机场较远，铁路、公路交通也不太便利。张乃明认为，高铁的开通肯定会改善交通条件，但它的辐射面有限。

"云南生态环境比较脆弱，如何做到适度开发、合理保护是一个亟待解决的问题。"张乃明说，生态保护，是政府的事，是景区开发管理的事，也是景区附近群众和游客的事，大家都要增强生态保护的意识。

"云南的生态旅游市场还不够成熟、不够规范。这个问题已经引起省委、省政府的高度重视。应该会有较好的治理效果。"张乃明说，一些商家在玉石等高档产品的销售中以次充好、胡乱标价；一些旅游项目经营者强买强卖、欺骗顾客。这些问题都需要下大力气加以治理规范。

云南，除了丽江、大理、石林等已经成为外地游客所熟知的旅游品牌外，还有很多颇具游览价值的地方。张乃明说，不应让外地人一说起云南旅游，脑海里就只有石林、丽江、大理，还有许许多多的景观可以打造成生态旅游精品，让外地人流连忘返。

"就云南的旅游院校的结构、数量和培养人才总量看，已经达到较高的水平。"张乃明说，云南的许多高校和中等职业学校开设了旅游专业，但是大多以培养传统旅游人才为主，对于生态旅游专门人才的培养远远跟不上旅游发展形势需求。

加快交通建设
改变"旅时间长，游时间短"现象

张乃明分析云南发展生态旅游的困难首先讲的是交通问题。采访中我们也请他先就交通问题开处方。

他说，交通路网布局应与生态旅游资源分布相匹配。这是人所共知的，而云南的交通基础设施建设落后也是不得不承认的"酸楚"。于是有的景区景点就出现了"旅的时间长游的时间短"的情况。"我的观点是，高铁站点与附近的旅游景区之间要有高速公路连接，景区与景区之间都应有高速公路相连，景区内景点之间应至少有四级以上公路。这样才能改变'旅的时间长，游的时间短'的状况。"

张乃明的第二点建议是，构建符合生态文明建设要求的旅游体系。他说，要制定绿色、低碳、生态的旅游产业发展规划。将打造生态文明建设

排头兵和旅游产业发展结合起来，注重绿色，珍视环保文明。要与创建生态省、生态市、生态县结合起来，统筹规划。

张乃明是省政府滇池治理专家督导组成员、九大高原湖泊水污染防治督导组成员、省环境保护专家咨询委员会委员，是名副其实的环保专家，他对生态旅游的建议也十分体现环保。

他说，生态旅游要能提高甚至改变游客的环境资源观和生活方式。这是发展生态旅游最重要的意义。发展旅游必然带来人流量增加，人流量的增加必然加大环保负担。这就要增强景区群众和外来游客的环保意识。所以要通过环境的熏陶，多渠道信息的传递来起到潜移默化的作用。比如，昆明人流量的增加会给滇池水生态保护带来更大负担，但让更多人亲近滇池，享受滇池美景，也能激起更多人对保护滇池的热情，起到一定教育作用，但必须用适当的方式给游客传递环保理念。

他提出的第二个关键词是责任。他说，发展旅游，要使景区群众增加经济收益，以激发群众保护自然资源和文化的积极性和责任意识，同时，要强调旅游者保护自然和文化资源的意识和责任。

张乃明还有一个观点是：生态旅游活动对生态系统的干扰必须是可控的，使其对当地旅游资源、自然生态和社会文化的负面影响最小化。他说，要把全域旅游理念与发展生态旅游紧密结合，通过一系列的生态保护和资源培育措施，确保青山永在、绿水长流。

"植物王国""动物王国"
就是生态旅游的优势

谈到云南生态旅游发展的优势，张乃明认为，首先是丰富独特的自然生态资源。他说，云南"一山分四季，十里不同天"的气候孕育了丰富的动植物资源，因此享有"植物王国""动物王国"以及"天然花园"的美称。不用说，谁都知道这两个"王国"就是生态旅游的优势。

"云南有奇特的地形地貌。"张乃明进一步说，不仅拥有高山峡谷，有常年不融化的冰川，有以滇池、洱海、抚仙湖等高原天然湖泊，而石林、阿泸古洞等喀斯特地貌形成的石柱、溶洞等更是国内外少有的景观。这些都是云南生态旅游的资源。

多年来，云南省委、省政府一直把旅游作为云南的支柱产业来抓，不仅在政策上予以扶持，而且在资金上予以帮扶；不仅致力于做大做强本地市场，还主动帮助企业向外拓展。出台了一系列法律法规如《云南省旅游业条例》《关于大力发展旅游业的意见》《云南省省级旅游度假区（旅游区）优惠政策》等，这些政策的出台极大推动了云南旅游业的健康有序发展。张乃明认为，目前，旅游业已经成为云南的支柱产业之一，生态旅游的发展也将迎来更多的机遇。

云南不仅拥有数量众多的自然保护区、森林公园、风景名胜区，还有无数生态茶园、生态农庄、生态果园等农业观光型的旅游景点。去年12月，新华社在北京举办"第七届半月谈品牌生活榜榜单"发布活动，昆明市荣获"2016年中国十佳绿色生态旅游城市""2016年中国最具魅力宜居宜业宜游旅游城市"称号，两项评选票数均位列全国第一。前段时间，"昆明蓝"刷爆了微信朋友圈，也成为各大媒体争相报道的热点新闻。昆明天蓝水清的优美环境，持续不断地给市民提供着"幸福感"，也在深深地吸引着外地游客。张乃明说，也正因为如此，在前不久召开的省两会期间，牢固树立"绿水青山就是金山银山"的理念，全力保护绿水青山、蓝天白云，努力加快推进打造"生态文明建设排头兵"的步伐，是人大代表和政协委员的重要聚焦点。

凭借得天独厚的气候、众多高原湖泊、良好的生态环境和山地资源优势，云南的生态旅游大有可为。

云南的旅游业充满了蓬勃生机，许多旅游项目都属于生态游，或者包含着大量的生态游，只是这些年我们在旅游业发展中没有把"生态"两个字突出出来。

发展生态旅游有利于人与自然和谐发展，能促进旅游景区生态效益、经济效益、社会效益的同步增长，能实现旅游资源的可持续发展。张乃明呼吁，人人树立旅游中的生态环保意识，个个担起旅游景区生态文明建设的责任。

云南省政协澳门委员谢思训
澳商也有云南情
◆ 撰文　张莹莹

儒雅，且有风度，这是云南省政协澳门委员、激成投资(香港)有限公司的执行董事谢思训给人的第一印象。

激成投资(香港)有限公司执行董事及董事会辖下薪酬委员会主席、澳门美国商会主席、澳门建筑置业商会理事长、澳门物业管理业商会会长、澳门大西洋银行董事，谢思训除了兼任上述多个社会职务，还在澳门经济委员会、澳门城市规划委员会、澳门都市更新委员会等政府部门任有职务。但在接受采访时，谢思训更愿意说说他作为云南省政协委员的履职感悟。

澳门物管"他山之石"

物业投资与发展是激成投资(香港)有限公司的主要业务之一，作为澳门物业管理业商会会长，谢思训讲到了澳门的物业管理和内地的物业管理的不同。

澳门《物业管理业务的清洁及保安雇员的最低工资》法案于2016年1月1日起生效。根据该规定，澳门住宅大厦的清洁及保安（管理员）将受最低工资保障，最低时薪30元澳门币，最低日薪240元澳门币，最低月薪6240元澳门币。

随着法案的的施行，澳门的物业管理费也面临了加价的问题，许多大厦都贴出了调升管理费的通告，有些大厦的管理费加价幅度竟然猛升三倍，让小区业主叫苦连天。在谢思训看来，这样的最低工资保障虽然物管费涨了，但实际上是规范了物业管理行业，暂时退场的都不是一些规模很大的管理公司，要求大幅调升管理费的大部分都是多年未加价的旧住宅。

"在调整物管费用的时候，物管公司提供明细的账目及调升费用的原因，实际上是让居民对自己的物管费用更加清楚。"谢思训说，内地的物管行业就是因为缺乏政府的指导，所以物管和业主之间难免有一些矛盾产生。

关注经济发展数据

谢思训担任云南省政协委员已经有7个年头，一直以来他希望通过政协的履职平台能够为云南经济社会发展多尽自己的一份力量。经济发展数据，是他每年在云南省两会上最为关注的内容。看到经济增长，他会觉得非常开心，当看到经济增长速度下滑，他会表现出担忧。

"经济要增长离不开人才、市场机制等，这些因素都是十分重要的。"采访中，谢思训仍对现在人才资源得不到有效利用深感担忧。在谈到对供给侧结构性改革的认识时，谢思训说，"一方面过度消耗能源，另一方面过度生产的产值并不等同于价值，大量的产品积压在仓库，库存造成了浪费，改变这种生产过剩的局面是必然的。"

为澳滇两地发展做贡献

在2016年的省两会期间，当谢思训听到关于新环境、新动力等方面建设品牌云南，建设生态云南、开放云南、活力云南、文化云南、和谐云南时，感到非常振奋，对这些发展方向表示非常认同。

对于云南提出的要建设面向南亚东南亚辐射中心的发展战略，谢思训认为要配合国家"一带一路"战略，主动研究政策，努力融入其中。"比如可以充分利用云南的茶马古道等有利资源，发挥云南自身优势，为国家尽力。"

每年省政协全会期间，谢思训主要以参与集体提案的形式进行履职，但小组讨论发言他都很积极。"可惜大家都想发言，能够抢到话筒的机会不多啊。"谢思训笑着说，作为一名澳门委员，他将会在澳门与云南之间多做一些投资、公益方面的事情，为两地的发展贡献一份力量。

高铁让云南更有魅力

说到"高铁入滇"，谢思训认为，高铁对发展中的云南有三大意义，扩大辐射范围、降低物流成本、提高项目长期竞争力。云南是旅游大省，本身就很有魅力，高铁开通，云南将会更有魅力。谢思训说，高铁开通将首当其冲促进区域经济融合，"高铁入滇"不仅解决了传统意义上的云南交通盲点，还将加强云南与全国各地的联系，极大提升云南的经济辐射范围，也大大提升了旅游交通运力，将带动高铁沿线城市旅客以十分便捷的方式直达魅力云南。

"高铁入滇"还能扩大人才交流。谢思训还说："想致富，先修路，要人才，先搭台，"这是过去墙上的大标语，但在如今这个快速发展的时代，这句口号其实一样行得通。以前受交通影响，云南作为边疆省份，在吸引人才方面有很大的局限性，此番"高铁入滇"，将给边疆云南带来招才引智优势，内地人才在云南工作，回家将变成一站通达，出行方式更方便、快捷。

当然，作为澳门商人，谢思训对"高铁入滇"更是深有感触，他说，"高铁入滇"，澳门与云南的联系将更加密切，经济和文化交流将更加频繁和便捷。

"下次来云南，一定要去坐高铁！"谢思训说，他和周围的朋友已经期待云南高铁开通好长时间了，一听到高铁开通的消息，他就做了这个决定。谢思训介绍，他与云南有30多年缘分，因为喜欢云南生态环境，还成了省政协委员。由于工作的原因，以前经常要飞云南出差，来回跑机场，很是麻烦。现在高铁开通了，选择也更多了，"坐飞机虽然睡一觉就到了，但是坐高铁直达，沿途还可以看看周边的风景。内地变化太大了，发展很快。以后只要时间不赶，我都会坐高铁。"